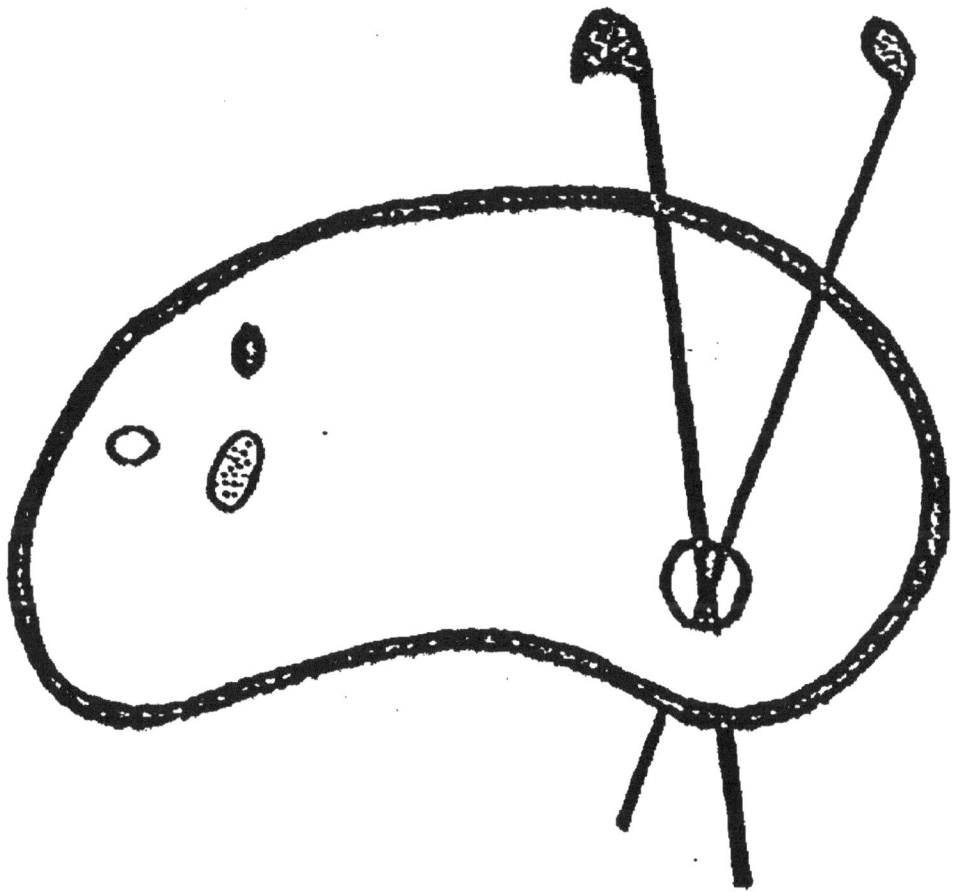

GUIDE DU VOYAGEUR

A

NOIRMOUTIER

PAR

Le Dr VIAUD-GRAND-MARAIS

MEMBRE DE LA SOCIÉTÉ D'ÉMULATION DE LA VENDÉE

PRIX : 2 FRANCS

NANTES

IMPRIMERIE DE L'OUEST. — BLOCH, LE GARS & MÉNARD

32 ET 34, RUE DE LA FOSSE, 32 ET 34

1884

Se vend à Noirmoutier :

En ville, chez les principaux Marchands.

A la Guérinière :

Chez Mesdemoiselles Delavau.

GUIDE DU VOYAGEUR

A NOIRMOUTIER

IMPRIMERIE BLOCH, LE GARS ET MÉNARD

GUIDE DU VOYAGEUR

A

NOIRMOUTIER

PAR

Le Dr VIAUD-GRAND-MARAIS

MEMBRE DE LA SOCIÉTÉ D'ÉMULATION DE LA VENDÉE

NANTES

IMPRIMERIE DE L'OUEST. — BLOCH, LE GARS ET MÉNARD

32 ET 34, RUE DE LA FOSSE, 32 ET 34

—

1884

GUIDE DU VOYAGEUR

A NOIRMOUTIER

Noirmoutier, l'ancienne *Herio*, appelée encore par le peuple *Nermoutier* et *Hermoutier* (*Heri monasterium*), est une île basse, située sur la côte vendéenne, à peu de distance de l'embouchure de la Loire.

Placée obliquement par rapport au littoral voisin, elle s'en rapproche vers le sud et n'est séparée de la côte de la Barre-de-Monts, que par un détroit de 800 mètres, le goulet de Fromentine. Elle limite ainsi à l'ouest la partie la plus rétrécie de la baie de Bourgneuf.

Au nord du goulet, existe, à marée basse, un passage à gué permettant aux piétons et aux voitures d'atteindre le rivage de Beauvoir. Il porte le nom de Gois ou de Goua, du mot vendéen *goiser*, passer en se mouillant les pieds.

François Piet a publié, de 1806 à 1826, une remarquable statistique de l'île, sous le titre de *Recherches topographiques, statistiques et historiques sur Noirmoutier;* ce livre est introuvable. Le fils de l'auteur, Jules Piet, l'a réédité, à deux cents exemplaires, en 1863, avec de nombreuses et importantes additions. Cette seconde édition, elle-même épuisée, ne se vend que d'occasion et avec prime. Il est impossible d'écrire sur Noirmoutier sans faire des emprunts à ces *Recherches,* dont une nouvelle réimpression est vivement désirée.

CHAPITRE I

Considérations générales sur la topographie de l'ile, sa géologie, ses habitants, ses divisions politiques et religieuses, la culture et l'industrie.

L'île de Noirmoutier offre une forme assez irrégulière, que la mer tend chaque jour à modifier. Son grand diamètre, dirigé du nord-nord-ouest au sud-sud-est, de la pointe de l'Herbaudière à celle de la Fosse, est, à vol d'oiseau, de dix-huit kilomètres. Elle est élargie à ses deux extrémités, surtout au nord, où elle forme la plaine de Noirmoutier, large, de la batterie du Tambourin à la pointe de Devin, d'environ six kilomètres et demi. L'extrémité sud, ou plaine de Barbâtre, mesure deux kilomètres de la digue des nouveaux desséchements à la Grande Côte. Ces deux parties de l'île sont unies par l'isthme sablonneux de la Tresson, dont la largeur n'est plus, au-dessous du village de la Guérinière, au point le plus menacé par la mer, que d'un kilomètre. Le périmètre de Noirmoutier est de 50 kilomètres.

Envisagée dans son ensemble, l'île a la forme d'un gigot de mouton, dont le chef-lieu occupe le gîte à la noix, tandis que Barbâtre est situé dans la partie élargie du manche. On l'a aussi comparée à un rein. Elle offre, en effet, vers sa partie concave, un hile ou échancrure par lequel pénètrent trois *étiers* (*œstuaria*, canaux où monte la marée) : l'étier du Port, celui de l'Arceau, et celui des Coëfs. Ils se subdivisent en *étreaux*, puis en *branches* chargées d'alimenter d'eau de mer les marais salants et de conduire à l'Océan les eaux douces versées par les pluies dans la cuvette centrale. Les marais salants sont placés comme des culs-de-sac glandulaires à l'extrémité des derniers canaux.

L'île est plus basse à son centre qu'à son pourtour et se trouve, dans les deux tiers de son étendue, au-dessous du niveau des hautes marées.

Elle est plus ou moins protégée contre les caprices de l'Océan, au nord par des rochers et des dunes, partout ailleurs par des digues.

Une ceinture de dangereux récifs, découvrant d'une manière incomplète à mer basse, l'environne de toute part. Ils portent les noms de Vendette, des Pères, des Sécés, des Bœufs et des Peignes.

La côte ouest exposée aux flots du large est sans cesse rongée par eux. L'îlot du Pilier, jadis uni à l'Herbaudière, en est distant de 5 kilomètres. Les Bœufs, qui se voient sous forme de brisants à une grande distance de la pointe de Devin, offrent des débris de briques romaines.

Du côté de la terre-ferme, Noirmoutier s'accroît, au contraire, chaque jour ; les grands courants de la Loire accumulent leurs alluvions dans la partie la plus rétrécie de la baie et permettent de faire des desséchements rapprochant de plus en plus l'île de la côte voisine.

La superficie actuelle de Noirmoutier est de 4,900 hectares, y compris les desséchements de la famille Jacobsen et ceux de la Société générale de drainage. Sur cette surface de trois lieues carrées, se trouvent plus de 700 hectares de dunes, des canaux nombreux, des landes et des bois, et cependant l'île nourrit près de 8,000 habitants (7,726), chiffre énorme par rapport au reste de la France ([1]), et exporte des quantités considérables de sel et de grains. Ceci tient à la fertilité extrême de ses terres argileuses, amendées avec du sable et fumées avec des varechs, et à l'activité de ses travailleurs.

Sa structure géologique a été exposée par Bertrand-Geslin dans le premier volume des *Mémoires de la Société géologique de France.* Elle est assez complexe.

La partie nord, de l'anse de Luzéronde à celle de la Claire, est formée de terrain primitif ; le granit et

---

([1]) Au moment où J. Piet réimprimait l'ouvrage de son père, en 1863, la population était de 8,130, soit de 6,098 hab. pour la commune de Noirmoutier et 2,032 pour celle de Barbâtre. La diminution tient non à un défaut d'excédant des naissances, mais à une émigration de travailleurs et de jeunes filles se plaçant comme domestiques dans les grandes villes.

le gneiss apparaissent rarement à nu ; ils sont presque partout unis à des assises puissantes de micaschiste et ces roches se continuent par une suite de hauteurs sous-marines jusqu'à l'îlot granitique du Pilier.

A la Claire, le micaschiste est remplacé par du talcschiste, qui, de l'autre côté de la baie de Bourgneuf, se retrouve sur le littoral du continent.

Le terrain éocène, pris à tort par Bertrand-Geslin pour une formation de l'époque crétacée, est représenté dans la partie nord-est par les rochers s'étentendant du Cob au fort Saint-Pierre et par ceux du bois du Pélavé.

C'est à des grès de cette formation, que sont dues les grottes pittoresques de cette partie de l'île. Composés de grains siliceux et recouverts d'un vernis silicaté pénétrant peu dans l'intérieur de la roche, ils sont d'origine lacustre.

On doit à M. A. Viaud-Grand-Marais jeune la découverte de belles empreintes de feuilles d'un palmier, le *Sabalites andegavensis* Sch., empreintes qui ont permis à M. le professeur Crié, de fixer l'âge de ce terrain. L'auteur de cette notice a recueilli à la pointe du Cob, sur le Cob même et à Gaillardin, de nombreuses empreintes végétales fournies surtout par des Bambusées et des Apocynacées et en particulier des feuilles d'un laurier rose, le *Nerium sarthacense* Sap.

Noirmoutier à cette époque géologique jouissait donc d'un climat supérieur à celui de nos jours.

Le reste de l'île, d'une ligne s'étendant de l'anse du Sableau à celle de Luzéronde, repose sur du calcaire grossier de l'époque parisienne; il se poursuit sous les dunes et les desséchements de Barbâtre vers les récifs de la côte sud-est et dans la baie de Bourgneuf, pour se continuer avec les calcaires grossiers de Bouin et de Machecoul.

Les habitants de Noirmoutier ne diffèrent pas d'une manière notable de ceux de la côte voisine; des conditions de vie spéciale et de nombreuses unions consanguines leur ont cependant donné quelques caractères particuliers.

Ils appartiennent à la religion catholique, sont travailleurs et dévoués et ont conservé dans leur langage beaucoup de traces de la langue latine. Le mot *vère* remplace le oui; l'*r* se fait sentir à la fin des verbes de la première conjugaison; les diphtongues *oi* et *ai* se prononcent à l'espagnole.

L'île est divisée en deux communes: au sud, Barbâtre, constituant aussi une paroisse (1,818 hab.); au nord, Noirmoutier, qui, outre le chef-lieu sous le vocable de Saint-Filbert (5,908 hab.), comprend au sud la Guérinière, à l'ouest l'Épine et au nord l'Herbaudière. Total: deux communes et cinq paroisses.

Le sel est, de tous les produits celui qui donne lieu au plus grand mouvement d'exportation. Dix-huit mille œillets de marais salants fournissent, bon an mal an, 14 millions de kilogrammes.

On récolte aussi dans l'île, année moyenne,

34.000 hectolitres de froment, 8,000 d'orge, 4,000 de fèves, 1,000 de seigle et 20,000 de pommes de terre.

Barbâtre élève depuis quelques années de beaux et forts chevaux.

Sur toute la côte, on brûle du goëmon pour faire de la soude et surtout de la cendre de varech; 20,000 hectolitres de cette cendre sont fabriqués chaque année et représentent 50,000 hectolitres de goëmon.

Il y a çà et là quelques vignes donnant 100 hecto-litres d'un vin très inférieur.

Cent quarante-huit barques montées par 312 hom-mes sont armées pour la pêche. Depuis quelques années la pêche à la sardine se fait à l'Herbaudière, où M. Herbelin a monté une importante confiserie.

Le produit annuel de la pêche est de 376,100 fr. pour la pêche en bâteau et de 436,438 fr. pour la pêche à pied.

Outre les barques de pêche, on compte à Noirmou-tier 22 *caboteurs* avec 72 hommes d'équipage et 93 *borneurs* avec 197 hommes. Le nombre des ma-rins inscrits est de 1,100 (1).

(1) Le temps n'est plus où Noirmoutier armait pour le long cours. Le second navire français, qui ait remonté le Paraguay en 1816, appartenait à un négociant de l'île, *Joseph Pineau*.

CHAPITRE II

Histoire; personnages célèbres ayant vécu dans l'île.

L'époque des monuments mégalithiques a laissé peu de souvenirs, et il semble que les premiers apôtres du pays se soient attachés à les détruire pour faire disparaître avec eux les superstitions qu'ils rappelaient.

Entre la ville et Luzay se voit, près de la route, un gros bloc de pierre portant le nom de la *Roche-Patles du diable*. A Gaillardin est un menhir au milieu d'un champ. Un dolmen renversé, mais très reconnaissable existe à la pointe de l'Herbaudière. Des restes de même nature ont été signalés sur Pierre-Moine par un officier de marine ([1]). Tous ou presque tous les dolmens et menhirs de la côte ven-

---

([1]) Voir pour les monuments mégalithiques ou druidiques les *Recherches* de Piet, 2e édit., p. 414 et suiv. Un grand nombre de restes de dolmens existaient encore il y a une trentaine d'années; ils ont été détruits pour construire des maisons ou des murs en pierres sèches.

déenne et du pays de Retz paraissent faits en grès du bois de la Chaise.

L'île a ses légendes de druidesses et l'îlot du Pilier leur doit son nom de *Puellier* (*île aux Filles, insula Puellarum*) (¹). Des haches en pierre, ou *pierres de tonnerre,* ont été recueillies çà et là.

Les restes de la civilisation romaine se rencontrent surtout vers les Vieils, partie de l'île la plus anciennement habitée. J. Piet, aidé de quelques amis, a pratiqué au ténement de Saint-Hilaire des fouilles, qui ont mis à découvert les restes d'une importante villa (²).

L'époque historique commence au VIIᵉ siècle, avec saint Filbert ou Filibert, l'apôtre et le civilisateur de l'île et le fondateur de la ville.

Né en Gascogne, d'une noble famille franque, page de Dagobert et ami de saint Ouen, il fonda sur les bords de la Seine l'abbaye de Jumièges. Chassé de la Neustrie pour avoir reproché à Ebroïn ses crimes, il se réfugia à Noirmoutier, en convertit les habitants et leur apprit à conquérir des terrains sur la mer et à fabriquer le sel.

Ses moines fuyant devant les Normands, transportèrent ses restes en Bourgogne. Peu de saints, en France, ont un aussi grand nombre d'églises sous leur vocable. Les pêcheurs de Concarneau l'invoquent

---

(1) Le Pilier est aussi appelé dans les chartes *insula Dei* et *insula Piblers.* L'île d'Yeu portait au contraire les noms d'*insula Oya* et d'*île d'Oys.*

(2) Voir Piet, *loc. cit.,* p. 424.

avant de se mettre en mer, et il est, par une série de circonstances qu'il serait trop long de rappeler, un des patrons de la maison royale de Savoie.

Saint Vital ou saint Viaud, né en Grande-Bretagne, attiré par les vertus des moines de saint Filbert vint leur demander asile vers 725. Il se retira plus tard au *Mont-Scobrith,* près Paimbœuf, lieu qui porte son nom. Il mourut en 740. Les moines de Noirmoutier allèrent chercher son corps, qui suivit les migrations de celui de saint Filbert à *Déas* ou Saint-Philbert-de-Grand-Lieu, à Cunault, à Saint-Pourçain et définitivement à Tournus. Hério, sous les premiers Carlovingiens, servit de lieu d'exil à plusieurs grands personnages, en particulier à deux petits-fils de Charles Martel, saint Adalard, abbé de Corbie, régent du royaume d'Italie et Wala son frère; ils y furent internés par Louis-le-Débonnaire, vers 814.

Hastings, célèbre chef normand, en juin 830, s'empara, de Noirmoutier dont il fit un nid de pirates; il en sortit pour brûler Nantes, piller une partie de la France et étendre ses déprédations jusque sur les côtes de l'Italie.

Aux Normands succédèrent les seigneurs de la Garnache, peut-être de même race ('). Appelés par les moines pour les défendre, ils s'en acquittèrent assez mal et s'emparèrent de leurs biens.

Un moment de repentir valut aux Bernardins du

---

(1) L'un d'eux signe en 1067, *Normannus Gasnachia de rupe.* (Fondation du prieuré de Donges).

Pilier une partie des biens des Bénédictins de l'abbaye filbertine. Pierre II fonda pour eux sur la côte nord, Notre-Dame de la Blanche, ainsi nommée par opposition à l'abbaye noire ou de la ville.

Puis les familles seigneuriales se succédèrent et l'île fut ballottée entre les divers partis pendant les guerres des premiers Valois. Elle retrouva une paix relative sous les de la Trémoille, dont la branche noirmoutrine fournit à la France plusieurs hommes célèbres. L'histoire conserve les noms de trois dames de Noirmoutier, d'une grande beauté. La dernière, Marie-Anne, princesse des Ursins, fut un moment toute puissante en Espagne, à la cour de Philippe V. Elle fit ériger le marquisat de Noirmoutier en duché en faveur de son frère Antoine-François de la Trémoille (1).

La Réforme trouva les habitants et leurs seigneurs fidèles à la vieille foi, quoique l'abbé de la Blanche, Jean Cohuau (*lupus sub ovina pelle*), penchât pour le parti réformé.

Les Espagnols en 1524, les corsaires protestants de la Rochelle en 1562 s'emparèrent de l'île et la saccagèrent.

Vinrent les guerres des Pays-Bas; Noirmoutier tomba entre les mains des Hollandais dirigés par Tromp et le comte de Horn (juillet 1674). Ils lui firent payer chèrement sa courageuse résistance.

En 1747, le *Maidstone*, de 50 canons, commandé par

---

(1) Jules Piet a donné, page 471 et suiv. des *Recherches*, la liste des seigneurs de Noirmoutier jusqu'alors fort embrouillée.

lord Keppel, donnant la chasse à un navire français se perdit sur les Pères. Le commandant et son équipage furent recueillis par les Noirmoutrins, non comme des ennemis, mais comme des naufragés. Les vaisseaux anglais s'éloignèrent de l'île et plusieurs marins prisonniers furent rendus à leur famille.

En 1767 Noirmoutier fut achetée par la couronne à son dernier seigneur, le prince de Condé, au prix de 1,900,000 livres.

Les guerres avec l'Angleterre lui valurent de nouvelles épreuves. Les croiseurs de la Grande-Bretagne vinrent rôder au voisinage du Pilier et dans le Fain(1). Le port servit plus d'une fois de refuge aux corsaires français. *Le Duc-de-Bourbon*, armé par Cornil-Guislain Jacobsen et monté par un équipage noirmoutrin fit deux glorieuses campagnes. Une autre famille de l'île arma aussi à Nantes pour la course et non sans gloire.

Dans cette lutte de chaque jour, les femmes montrèrent aussi de la valeur. En mars 1781, une jeune fille, Félicité Bévier, saisissant un fusil, ramena au combat, sur la côte de l'Épine, des hommes qui venaient d'abandonner une gabarre la croyant perdue et sauva leur navire (2).

Les rois de France appréciant le courage des Noirmoutrins et les services rendus par eux à la

(1) Le Fain est un lieu de mouillage de la baie de Bourgneuf assez étendu pour pouvoir recevoir de grands vaisseaux.

(2) Voir Piet, page 389. — La famille Bévier s'est fondue dans la famille d'Arondel.

patrie, accordèrent à l'île des privilèges dont quelques-uns sont encore respectés de nos jours.

Sous Louis XIV, des jansénistes furent internés à Noirmoutier. Le président Hocquart y fut relégué, quand en 1771, des lettres de cachet obligèrent les membres du Parlement, en conflit avec le Roi, de quitter la capitale. En 1871, son château devint prison provisoire pour des membres de la Commune de Paris.

L'île eut beaucoup à souffrir pendant la période révolutionnaire. Prise par Guéry-Fortinière (mars 1793), reprise peu après par le général républicain Beysser, elle fut conquise de nouveau par un des plus brillants chefs vendéens, le général Charette (12 octobre 1793), malgré le courage de François-Chrysostôme Richer, qui se fit tuer à l'entrée du Gois pour arrêter l'armée royaliste.

Le 4 janvier 1794, elle retomba entre les mains de Turreau. La plus grande partie des royalistes furent massacrés. Le général d'Elbée, ancien général en chef des armées vendéennes, deux de ses officiers, de Boisy et Duhoux d'Hauterive, et le chef républicain Wieland, qui n'avait pu résister à Charette, furent fusillés sur la place d'Armes. Noirmoutier fut appelé *Ile de la Montagne,* son port *Port Victoire,* et des commissions militaires se mirent à juger avec la sévérité de l'époque non-seulement les Vendéens arrêtés dans l'île, mais les individus accusés d'insurrection ou d'incivisme, envoyés de divers points du département. Tout ce qui a rapport à cette période et aux guerres de la Vendée forme une des parties les plus intéressantes de l'ouvrage de François Piet, témoin des faits qu'il raconte.

Aux attaques des généraux vendéens succédèrent de nouvelles croisières anglaises, sous le commandement du commodore Warren; il en sera parlé plus loin.

Il est impossible d'écrire sur Noirmoutier sans citer le nom des Jacobsen, c'est-à-dire d'une des familles qui aient le plus fait pour l'île. Noirmoutier lui doit une grande partie de ses desséchements, ses principaux embellissements et les grands pins maritimes, qui à cette heure tombent sous la hache pour faire place à de nombreuses villas.

Le premier Jacobsen qui vint se fixer dans l'île, vers le milieu du siècle dernier, répondait aux prénoms de Cornil-Guislain et était né à Dunkerque en 1709. Il se rendit cher aux habitants en leur créant du travail et en leur procurant des moyens d'existence pour eux et leurs enfants. Avec l'aide de travailleurs noirmoutrins, il conquit sur la mer la Lyde, dans la partie sud de Barbâtre et fit, de l'autre côté du Gois, surgir des eaux, le 1er avril 1767, une île nouvelle de 250 hect., Notre-Dame du Pé ou de la Crosnière, rattachée jusqu'à la Révolution à Noirmoutier, tant pour le spirituel que pour le temporel.

Jean-Corneille continua les travaux de son père et dessécha à l'entrée du Port ou de Luzan les Grand et Petit Müllenbourgs (1812 à 1814). Ils portent dans le peuple le nom bien mérité de *ter-*

rains Jacobsen. Antiquaire et homme de goût, il était lié avec le cardinal de Loménie et un grand nombre de célébrités de son temps. Il enrichit de gravures, de livres précieux et d'objets d'art l'hôtel construit par son père sur la place d'armes et, on lui doit les embellissements du Pélavé, des Sorbets et de Grand-Lande.

Auguste son fils mérita aussi la reconnaissance publique par les travaux dont il fut le promoteur. Aux desséchements de la Lyde et des Müllenbourgs, il ajouta ceux de la Nouvelle Brille (1829) et de la Tresson (1833 à 1834). Son père et lui ont augmenté de 260 hectares de terre de rapport la superficie de l'île; bienfait dont on ne saurait garder un trop long souvenir. Auguste Jacobsen aimé des paysans, qui l'avaient vu partager leurs travaux et leurs luttes contre la mer, fut pendant de longues années maire de Noirmoutier, et l'administra, de la façon la plus paternelle.

Trois autres noms ne peuvent être laissés dans l'oubli : ceux de François Piet, Lubin Impost et Édouard Richer. Écrivains distingués, poètes à leurs heures, philosophes, naturalistes, ils ont été en correspondance avec les grands penseurs et les grands naturalistes de leur époque et constituaient une petite réunion savante, dont les d'Orbigny ont fait quelque temps partie, l'*Académie ambulante* ('). Les *Recherches sur Noirmoutier,* quoique

(1) Voir *Biographies vendéennes,* par le Dr Merland, et *Bulletin*

étant surtout l'ouvrage de Piet, sont en partie une œuvre commune. Impost, le fabuliste, n'a laissé personne de son nom. Piet a eu dans son fils un continuateur. Quant à Richer, fils du défenseur de l'île contre Charette, il s'acquit un renom de publiciste et de penseur, embrassa d'abord avec ardeur les doctrines de Swedenborg et mourut dans la foi catholique. L'île tout entière pleure en ce moment son neveu portant les mêmes nom et prénoms que lui et conservera longtemps le souvenir de son intelligente et bienveillante administration.

de la société botanique de France, t. VIII, 1861. Notice biographique sur quelques naturalistes de Noirmoutier, par le Dr Viaud-Grand-Marais.

CHAPITRE III

Différents moyens d'atterrir à Noirmoutier.

———

Quoique Noirmoutier n'ait rien de commun avec *île de terre ferme* du célèbre romancier espagnol, on doit indiquer parmi les moyens d'y parvenir la voie de terre ou de voiture, car, deux fois par jour, elle est transformée en presqu'île par le retrait de la mer, au lieu désigné par les marins sous le nom de Pé (*Podium* hauteur) et par tout le monde sous celui de Gois.

Les autres moyens d'y atterrir sont la voie de la Barre-de-Monts ou de Fromentine et celle de Pornic. On doit citer pour mémoire celle de Saint-Nazaire.

Il n'existe aucun service régulier avec ce dernier port, mais on y rencontre presque chaque jour des embarcations en partance pour Noirmoutier ou l'Herbaudière.

I. — Voie du Gois.

Pour parvenir à Noirmoutier par le Gois, il faut d'abord atteindre Beauvoir-sur-Mer, que l'on rejoint soit par Nantes, soit par la Roche-sur-Yon.

1° Route de Nantes a Beauvoir.

Départ de Nantes par le chemin de fer de l'État (gar
de la Prairie-au-Duc). Il est prudent avant de parti
de s'assurer si les marées permettent l'arrivée à Noir
moutier, le même jour, des voitures faisant la post
et correspondant avec le train du matin. Elles cor
respondent avec ce train dès le lendemain des jour
de nouvelle ou de pleine lune, jusqu'au troisième jou
après les quartiers, inclusivement. En dehors de c
temps, on doit demander de Noirmoutier une voi
ture en gare de Bourgneuf ou de Challans pour l
train du milieu du jour (¹).

Trajet par Bourgneuf : 42 kil. en chemin de fer (1 h. 15 à 1 h. 40
prix 5 fr. 15, 3 fr. 90, 2 fr. 85, et 18 kil. en voiture (1 h. 3/4), pri
2 fr. 50.

Par Challans : chemin de fer, 60 kil. (1 h. 41 à 2 h. 08), pri
7 fr. 30, 5 fr. 50, 4 fr.); voiture, 15 kil. (1 h. 1/4), prix 2 fr. 20.

La voie ferrée sort de Nantes par un pont de fe
jeté sur le grand bras de la Loire ou de Pirmil e
atteint comme première station Pont-Rousseau
sur le territoire de Rezé, l'ancienne *Ratiate*. Ell
suit une série de hauteurs, d'où se déroule sou
les yeux le panorama de Nantes et qui séparer
le bassin de la Loire de celui du lac de Grand-Lieu

Autres stations : les Landes, simple halte — I
Croix-Rouge, desservant Saint-Aignan, sur le lac
et Bouguenais, sur la Loire. — Bouaye, belle vu

(1) L'administration du courrier met actuellement à Beauvo
des voitures à la disposition des voyageurs qui voudraient profite
de la marée du soir.

sur le lac. D'après la tradition, une ville maudite Herbauges (*Herbadilla*) repose sous ses eaux dormantes, d'où l'on retire parfois des poutres équarries. — Port-Saint-Père ou plutôt Saint-Mars-de-Coutais, car c'est le bourg près duquel a lieu l'arrêt. La voie pour y arriver a traversé l'Acheneau et ses marais. A partir de ce point elle gagne les coteaux situés entre le bassin du lac et le marais de Bourgneuf. — Sainte-Pazanne, bifurcation ; la voie de droite se dirige vers Bourgneuf, celle de gauche vers Challans et la Roche-sur-Yon.

PAR BOURGNEUF. — Saint-Hilaire-de-Chaléons, calvaire remarquable, embranchement de Paimbœuf. Avant d'arriver à Bourgneuf, on aperçoit à droite, la mer, et l'île de Noirmoutier.

Bourgneuf-en-Retz (2,880 habitants), à 2 kilomètres de l'Océan, au fond de la baie du même nom, ne peut retenir le voyageur, pressé de gagner Beauvoir de peur de manquer l'heure du Gois. Le capitaine calviniste Fr. La Noue Bras-de-Fer est né à La Noue-Briord. Correspondance de voiture pour Beauvoir, Noirmoutier et l'île d'Yeu, avec le train du matin ('). Le train continue sa course vers la Bernerie et Pornic.

La voiture suit une route plate, d'une uniformité désespérante. Plus d'arbres, ni de buissons. Partout

(1) La même voiture repart de Beauvoir le soir, à 3 heures, pour correspondre à Bourgneuf avec le train de cinq heures pour Nantes.

des canaux des salines, des champs de blé et de fèves, des prairies où paissent de grands bœufs et de splendides chevaux.

A droite est la propriété du Collet, avec son bois de chênes verts et le petit port du même nom. On traverse, au pont du Fresne, l'étier du Dain, qui sépare la Loire-Inférieure de la Vendée et entoure de toute part l'île de Bouin.

Bouin (2,259 habitants), à 10 kilomètres de Bourgneuf et 8 kilomètres de Beauvoir. Cette petite ville se présente en été comme un oasis au milieu du marais, à cette époque nu et desséché. Église moderne, flèche en pierre, à partie inférieure datant du XIII° ou du XIV° siècle et à faux machicoulis ; maisons proprettes, habitations bourgeoises avec beaux arbres et jardins bien entretenus. La vue est arrêtée du côté de la mer par des digues ; elle s'étend au loin sur le marais jusqu'à la butte de la Maladrie (¹).

La route rencontre de nouveau le Dain, envoie à droite un embranchement vers le petit port de l'Épois, près duquel se voient les ruines d'une chapelle et un banc d'huîtres fossiles, et atteint Beauvoir, entouré de grands arbres.

PAR CHALLANS. — Machecoul (3,800 habitants), ancienne capitale du duché de Retz. Jolie église moderne à deux flèches. Ruines du château seigneu-

(1) Voir *Documents et notice historique sur l'île de Bouin* par Luneau et Ed. Gallet.

rial de Gilles de Retz (La *Barbe bleue* des gens du peuple), maréchal de France et, sous Charles VII, un des sauveurs du royaume. Les meurtres d'enfants, les infamies de toutes sortes, les invocations diaboliques, dont il se rendit coupable dans ce vieux château, ont laissé de lui une mémoire exécrée et lui valurent d'être brûlé de la main du bourreau, à Nantes, au lieu, où se trouve actuellement la place de l'Hôtel-Dieu. Il mourut repentant, après avoir fait, en dehors de la torture, des aveux complets et demandé pardon de ses crimes à Dieu et aux hommes. Machecoul est une des villes, qui ont le plus souffert de la guerre vendéenne. Les républicains y furent massacrés par Souchu et les colonnes infernales de Turreau l'incendièrent.

Le Falleron, qui passe sous la voie ferrée, est la limite de la Loire-Inférieure et de la Vendée.

Bois de Géné. Butte féodale près la gare. Traces d'une voie romaine suivie par les moines de Noirmoutier fuyant les Normands.

En approchant de la station suivante, on aperçoit à gauche le château moderne de Fonteclause, de M. Baudry-d'Asson. A peu de distance se trouvait le manoir du même nom, où Charette, en 1793, souleva la Basse-Vendée.

La Garnache (13 kilomètres de Machecoul, 6 de Challans), 3,185 hab. Très ancienne demeure féodale et de laquelle dépendaient Beauvoir et les îles d'Yeu et de Noirmoutier. Elle n'a plus que 500 habitants groupés autour de son clocher. Le château, très important jadis, fut assiégé en 1419 et 1591, puis démantelé en 1622 par ordre de Louis XIII. Son donjon, grande tour carrée du XIII° siècle, a été abattu et tranformé en magasin (¹).

Challans (4,917 habitants), situé entre le Bocage et le Marais; siège de transactions nombreuses, d'un grand commerce de bestiaux, de canards et de poulets (²). Fours à chaux. Point souvent pris et repris pendant la guerre de la Vendée et alors chef-lieu de district. Courses de chevaux et *sauts à la ningle*. C'est de fait le chef-lieu du marais septentrional de la Vendée.

A peu de distance, est, sur la commune de Soullans, le manoir de la Vérie, où Mlle de Lézardière écrivit ses études remarquables sur la *Théorie des lois politiques de la France*. Non loin de cette maison noble, se trouve un beau menhir.

La gare de Challans est située à l'extrémité est de la petite ville, qui a près de 2 kilomètres de longueur.

Une voiture correspondant avec le premier train de Nantes fait le courrier entre Challans et Beauvoir (³). Elle suit une sorte de cap schisteux s'enfonçant dans le marais. Pont-Habert, hameau à 1 kilomètre de Challans et dépendant de Sallertaine que

(1) Voir *Notices sur les châteaux et seigneuries de Beauvoir-sur-Mer et sur le Perrier,* par Ch. Mourain de Sourdeval.

(2) On vend parfois à Challans le mardi, dans un seul marché, pour 30.000 fr. de canards et de poulets.

(3) Cette voiture part de Beauvoir le matin vers 5 h. 1/2 pour correspondre à Challans avec les premiers trains pour la Roche et pour Nantes. Elle part une seconde fois de Beauvoir à 3 heures et repart de Challans à 10 heures du soir.

De Challans à Beauvoir

l'on aperçoit bientôt à gauche. Dans la commune de Sallertaine existe, près de l'église, un souterrain refuge et çà et là se voient des pierres druidiques et les restes des abbayes de la Lande de Beauchêne et de l'Ile Chauvet. Importantes foires de bestiaux. — Saint-Gervais (11 kilomètres), formé d'une suite de maisons bordant la route. Très grandes foires de chevaux ; restes d'une villa romaine. — Au delà, à droite, manoir de Fontordine avec ses bois servant d'amer. Là vivait naguère, entouré de l'estime de tous, Charles Mourain de Sourdeval qui a beaucoup écrit sur le marais septentrional de la Vendée et à qui l'on doit une remarquable étude sur le cheval. Du haut du coteau de la Maladrie (¹), avant de descendre à Beauvoir, on jouit d'un superbe coup d'œil ; à l'est se voit Saint-Gervais au milieu des arbres ; au nord, le marais de Bouin ; à l'ouest, la petite ville de Beauvoir, la mer et Noirmoutier ; au sud, un immense tapis de verdure qu'encadrent les dunes de Saint-Jean, de Notre-Dame et de la Barre-de-Monts. C'est le marais de Beauvoir, de Saint-Gervais et de Saint-Urbain, transformé, au mois d'août, en plaine jaunie, où bondissent de nombreux troupeaux.

_____

(1) *Maladrie* ou *Maladrerie*. Nulle station ne pouvait être mieux choisie pour un lazaret, à l'époque où la peste ravageait la France. En général les maladreries portaient dans le Bas-Poitou le nom de *maison rouge*, sans doute à cause de la couleur servant à les faire reconnaître de loin. Les paysans de Noirmoutier donnent encore le nom de maison rouge à l'hôpital.

2*

2° ROUTE DE LA ROCHE-SUR-YON A BEAUVOIR.

Trajet en chemin de fer jusqu'à Challans 51 kil. (1 h. 21 à 2 h. 50); prix : 1re 6 fr. 35, 2e 4 fr. 70, 3e 3 fr. 55. Au-delà voiture de Challans à Beauvoir.

Stations : La Génétouze. — Aizenay (3,943 hab.). Défaite des Vendéens par Travot pendant les Cent-Jours. Forêt de 340 hect. — Coex , du mot breton *coet,* bois. — Saint-Maixent-sur-Vie, importante minoterie de Dolbeau. La voie traverse la Vie, qui, près de son embouchure, sépare les deux villes rivales de Saint-Gilles et de Croix-de-Vie, possédant toutes deux des plages fréquentées par les baigneurs. — Commequiers (anciennement *Kimikers*). Vieux donjon du XVe siècle ; menhirs et dolmens intéressants. — Soullans, et enfin Challans où l'on retrouve le courrier de Beauvoir.

Beauvoir-sur-Mer (2,384 hab.). Il est aujourd'hui à 4 kilomètres de la mer et mérite peu son nom, dérivé du reste des mots *Bellus visus, Belvearium, Belveder* (1) à cause d'un tumulus élevé de main d'homme, ayant servi de point d'observation sur la mer et le pays voisin.

Cette butte, aujourd'hui transformée en bosquet, contient une sorte de citerne en maçonnerie revêtue d'un ciment très dur. On se rend mal compte de son appropriation. Peut-être rentrait-elle dans le système de cachettes à reliques et objets précieux des

(1) Voir *la Ville et la commune de Beauvoir-sur-Mer,* par Ed. Gallet.

moines de Saint-Filbert? Elle se trouve dans le jardin de la maison Dupleix, près de l'hôtel du courrier.

L'église, de style roman et assez massive, date du XII⁰ siècle, et elle est surmontée d'un clocher carré de peu d'élévation. Elle est dédiée à saint Filbert. Le tabernacle est surmonté d'un ange sculpté par G. Grootaers, présentant aux fidèles la croix, et pendant les expositions du Saint Sacrement, l'ostensoir.

Il ne reste que quelques substructions du château assiégé par le Béarnais ('), et peu de choses de la ministrie de Sainte-Catherine ou des Mathurins, du couvent des Cent frères ou des Jacobins et du prieuré de Saint-Filbert. Le célèbre mathématicien Viète (²). vécut à Beauvoir près de Françoise de Rohan, à la fin du XVI⁰ siècle, il y composa deux des ouvrages qui ont fait passer son nom à la postérité.

Beauvoir est une station obligée pour les voyageurs des îles d'Yeu et de Noirmoutier allant à Nantes, à la Roche ou aux Sables. Il paraît avoir été fondé par saint Filbert sur le territoire de la station romaine d'*Ampennum*.

(1) La prise du château de Beauvoir, le 12 octobre 1588, jeta l'épouvante dans l'île où se réfugièrent ceux qui craignaient les bandes du roi de Navarre et leurs exactions : *Encores ici ay si grand pour, que ce sera pis, si Dieu ne met sa bonne main, auquel prie très affectueusement a notre comfort, a notre ayde et a tous ceux qui bataillent pour son église.* Notes du prieur de Saint-Philbert sur un *registre illisible* de la mairie de Noirmoutier, déchiffré par M. S. de la Nicollière.

(2) Voir *Biographies vendéennes*, par le Dʳ Merland.

3° Route de Beauvoir au Gois :

22 kil., 5 1/2 de Beauvoir au Gois, 4 1/2 pour le passage, 12 dans l'île ; de 2 h. 1/2 à 3 h.

Le départ de la voiture correspondant avec les courriers de Challans et de Bourgneuf change à chaque marée.

L'heure de la basse mer varie avec la lune et le tableau suivant permet, au moyen d'un almanach, de savoir son moment exact. Il ne faut pas oublier que l'heure réelle de Noirmoutier est de 18 m. 18 sec. en retard sur celle du chemin de fer ou de Paris.

JOURS DE LUNE		BASSE MER	OBSERVATIONS
1 jour N. L.	16 j. P. L.	9 h. 36	Grâce aux nouveaux travaux, le passage peut s'effectuer pendant 5 h. deux fois par 24 h., et l'on peut descendre dans le gué 2 h. 1/2 avant l'heure de la basse mer.
2	17	10 24	
3	18	11 12	
4	19	12 »	
5	20	12 42	
6	21	1 36	
7	22	2 24	
8 j. P. Q.	23	3 12	Le passage en voiture dure de 3/4 d'h. à 1 h. 1/4.
9	24 j. D. Q.	4 »	
10	25	4 48	Il faut prévoir les incidents et les erreurs, et la mer monte plus rapidement du côté de Noirmoutier que du côté de la Crosnière.
11	26	5 36	
12	27	6 24	
13	28	7 12	
14	29	8 »	
15	30	8 48	

En quittant Beauvoir, le voyageur prend une

route tortueuse se dirigeant à l'ouest, que vient, au sortir de la ville, couper celle de Nantes à la Barre-de-Monts. Elle traverse une plaine couverte, au commencement de l'été, de riches moissons, mais plus tard aride et brûlée. Nulle vue sur la mer.

L'île de la Crosnière, conquise par C. G. Jacobsen, reste au-dessous des hautes marées et est protégée par des digues du côté de l'Océan. Pas un arbre ne repose la vue. De nombreux marais salants se montrent avec leurs mulons de sel. Çà et là apparaissent, confondues avec la teinte du sol, des chaumières, ou *bourines*, construites en argile et couvertes en *rouches* (¹). Dans ces pauvres demeures, habite une belle et forte race, celle des *maraîchins*, qui conserve encore son costume national, consistant dans la petite veste, le chapeau à larges bords (*chapeau raballet*) et la ceinture rouge.

Le maraîchin est excellent cavalier et adroit chasseur. Durant l'hiver, il parcourt les étiers et les canaux sur des barques à fond plat, appelées *nioles* (par addition de l'*n* devant le mot yole, comme dans Nermoutier ou Noirmoutier pour Hermoutier). Il les dirige avec une longue perche terminée par une pointe de fer. Une autre perche, la *ningle*, à extrémité épaisse et fourchue comme un pied de bœuf, lui sert à franchir d'un bond les canaux, quand il veut raccourcir son chemin. Il fut quelque peu contrebandier au temps de la gabelle et pendant

(1) On donne ce nom à plusieurs cypéracées.

la Révolution un des plus intrépides soldats de Charette.

De Notre-Dame-du-Pé, érigée en paroisse, le 16 janvier 1772, par Mgr Gauthier d'Ancyre, évêque de Luçon, il ne reste plus sur la gauche de la route, que des maisons de fermiers, une croix et le cimetière, où se trouvent les tombes de C.-G. Jacobsen et de son fils.

On arrive au Gois sans que la vue de la mer en indique l'approche : une cabane de douaniers, un petit magasin en planches, un fanal à lumière rouge, voilà tout ce que présente le sommet de la digue. On jouit là d'un curieux spectacle. A mer haute, de nombreuses barques de pêcheurs disputent aux goëlands les poissons de la baie, et leurs voiles blanches ou rouges la sillonnent en tous sens.

A mer basse, apparaît un fond de vase et de sable, sur lequel sont disposées de loin en loin des balises reposant sur des cônes en maçonnerie. Elles indiquent aux marins le haut-fond. Sept d'entre elles, sont simples. Trois, plus compliquées et placées à un kilomètre de distance les unes des autres, sont composées de deux poutres verticales unies par des barreaux de fer faisant échelles; elles sont surmontées d'une sorte de hune ou de cage-refuge, où le voyageur peut trouver abri, s'il est surpris par les courants de foudre de la marée montante. Ces courants, qui portent en Fromentine, empêchent de poursuivre la route dès qu'il y a plus de 30 centimètres d'eau de montée. Malgré la force et la grosseur des poutres qui soutiennent les cages, l'oscillation est très marquée quand le vent est fort ou la mer agitée.

Au loin apparaît l'île de Noirmoutier, qui devient de plus en plus distincte, et cependant par l'effet du mirage, semble former trois îles : une plus considérable au sud avec le clocher de Barbâtre, une moyenne où se voit l'église et le château et une troisième au nord avec les bois du Pélavé et de la Chaise. Entre les deux dernières, scintille au soleil un point d'un rouge vif, le toit de tuiles de la maison du Sableau.

Le Gois est traversé de jour ou de nuit, à mer complètement basse ou avec de l'eau. Il ne faut pas s'y attarder et se laisser surprendre par le flot, qui fait presque chaque année des victimes mais seulement parmi les imprudents ou les ivrognes.

Passage à mer complètement basse. — La descente dans le Gois se fait par un pavé disposé en pente douce (*pierré*), à la suite duquel se trouve le gué chargé de macadam et jalonné de piquets de dix mètres en dix mètres.

Çà et là la route est coupée par des *filées,* où il reste toujours de l'eau. Elles ont subi depuis cinquante ans de grandes modifications ; leur fond s'élève de plus en plus et elles changent de place.

Près de la côte de la Crosnière se trouve la filée vieille, et en approchant de Noirmoutier, la filée verte, ou des cailloux, autrefois très redoutée.

Elles servent de chenaux pour les navires au moment de la haute mer.

Le seuil du Gois, coté dans le *Pilote des côtes de l'Ouest* + 2ᵐ30, ([1]) a été surélevé dans les endroits creux de près de 10 à 15 cent. par des travaux récents.

Lorsque le chemin est exposé à être coupé par les courants, il est fortifié par des claies placées verticalement et par de la maçonnerie. A droite et à gauche, sont des sables plus ou moins mouvants, et dans lesquels il est extrêmement dangereux de s'aventurer sans guide, car on peut s'y enlizer.

Les voitures ne doivent pas s'éloigner des piquets situés à gauche en allant à Noirmoutier, ni s'écarter du macadam.

Sur les sables et les vases se voient des moules et d'autres coquillages, que les pêcheurs viennent récolter à marée basse.

La *torpille* (*Torpedo Galvanii* Risso), de la famille des raies, portant dans l'île les noms de *tremblard* et de *dali*, fait des trous en entonnoir au fond desquels elle se cache entièrement. Avant que la route ne fut chargée de pierres, les chevaux étaient parfois arrêtés court par une décharge de ce dangereux poisson.

([1]) C'est-à-dire qu'en grande marée de vive eau de 5ᵐ50, les bateaux qui calent 3ᵐ20 peuvent passer en raguant le fond. (*Pilote des côtes ouest de la France*, par Bouquet de la Grye, t. ıı.) Bouquet de la Grye écrit *Goa*, comme le fait l'Administration, mais telle n'est certainement pas l'orthographe du mot. Les paysans disent *Goi* dans une seule émission de voix.

Le dali est mangé dans l'île, mais on ne l'apporte au marché que vidé, c'est-à-dire privé de son appareil électrique. Il est fort désagréable à rencontrer dans les filets, et les commotions qu'il produit se font ressentir jusqu'à l'épaule.

La voiture passe près de barques laissées à sec par la marée et à certaines époques au milieu de bandes innombrables de palmipèdes et d'échassiers. Elle rencontre des carrioles de toutes formes traînées par des ânes, des charrettes à déménagements et des charrettes à bœufs chargées de bois que les *Bocageons* ou *Dagnons* (hommes du Bocage) vont échanger contre de la cendre de *bousas* (¹), Ailleurs, c'est un cavalier qui passe au grand trot, des femmes sur des bourriquets, bons petits animaux au pied solide quoique ne payant pas de mine (²).

Les piétons, hommes et femmes, taillent au plus court ; ces dernières ont relevé leurs jupons entre leurs jambes. Au retour des foires, des vaches, des moutons et même des porcs, ne manquant pas l'occasion de se vautrer dans la boue, viennent ajouter à la variété du paysage. Cette caravane d'hommes, de chariots, de troupeaux, rappelle les migrations, des anciens peuples. Tel devait être l'aspect des bandes

---

(1) Les *bousas* sont des galettes de fiente de vache et de paille hachée séchées au soleil et dont les paysans du marais et ceux de Barbâtre se servent comme combustible. Ils fournissent une cendre excellente comme engrais.

(2) D'après le relevé statistique de 1882, le nombre des ânes est de 1,200. Il en est beaucoup exporté au continent.

de Francs traversant les marais du Rhin pour venir conquérir la Gaule et lui donner son nom.

Le passage du Gois a été aussi comparé à celui de la mer Rouge, mais sans juste raison. La mer, d'après le récit biblique, s'était divisée et formait à droite et à gauche comme une muraille : ici elle ne se voit que de très loin renvoyant les rayons du soleil.

La sortie a lieu à la Bassotière, en face de la pointe de la Cassie. Elle se fait par un pierré longeant la digue des desséchements de la Société générale d'endiguement et de drainage (124 hect.), sur l'extrémité de laquelle de pieuses mains ont élevé une croix pour engager à la prière ceux qui se trouvent en péril dans le Gois.

Passage avec de l'eau ou à prime marée. — Tout voyageur prudent sera sorti du Pé au moins 2 h. 1/2 après l'heure de la basse mer et même avant, à l'époque des quartiers, s'il ne veut pas s'exposer à passer 7 heures dans une des cages-refuges. Mais pour arriver plus vite, pour ne pas manquer un train, il peut *primer la marée,* c'est-à-dire passer avec de l'eau à mer descendante. Les chevaux ont, pendant tout le trajet, de l'eau jusqu'au poitrail et font jaillir des embruns, et la mer atteint l'essieu des roues. Il est difficile de se soustraire à une certaine émotion ; cependant quand la mer baisse véritablement, ce mode de passage n'offre pas plus de danger que celui à mer complètement basse.

Passage de nuit. — Ici les émotions sont accrues par la solitude et par le silence que troublent seuls les bruits lointains de l'Océan. Les feux sont allumés, en hiver du moins, feux blancs dans le gué, feux rouges sur les côtes. Ils indiquent la route qui, vers le milieu, fait un léger coude à concavité nord.

Si la nuit est belle, éclairée par la lune et les étoiles, le voyage est charmant. Mais si le ciel est noir et surtout avec une tempête de sud-ouest, il arrive aux plus braves de se signer et de recommander leur âme à DIEU. Les piquets ne se voient plus, la route ne se reconnaît qu'au bruit des roues sur le macadam, les flots viennent battre la voiture, tandis que la pluie et le vent fouettant la tête du cheval l'empêchent d'avancer (1).

Parfois la mer est phosphorescente. Les pas du cheval et le sillage de la voiture laissent des traces lumineuses. Si le voyageur descend et prend de l'eau dans ses mains, elle retombe en gerbes d'une lumière non pas vive et brillante, mais bleutée et semblable à la trace de la friction d'une allumette. D'autrefois le mouvement de l'eau donne lieu à des milliers de vives étincelles.

La phosphorescence est due à de petits animaux

(1) Il est souvent arrivé à l'auteur de traverser le Gois la nuit et par d'effroyables temps, mais toujours sans accident, grâce à M. Lassourd, maître de l'hôtel de la Boule-d'Or, ou aux excellents conducteurs auxquels il s'était confié.

On peut avoir grande confiance dans les conducteurs de la voiture publique, dans MM. Izacard et Caillaud et la plupart des conducteurs du pays.

apparaissant en grand nombre sur nos côtes aux jours d'orage, en particulier, à de délicieuses méduses, transparentes, blanches ou teintées de rose ou de violet. Aucun tissu employé par les femmes n'est comparable à celui dont DIEU a orné ces êtres dédaignés entre tous. Et cependant pour eux les heures remplacent les années et leur vie consiste à naître, se rechercher et mourir (1).

Pendant le rude hiver de 1879 à 1880, le passage du Gois devint d'une difficulté extrême; les glaçons de la Loire, poussés par le flot, venaient s'y échouer, et la poste dut être faite par les piétons (2).

Le Gois a son histoire qui n'est pas sans intérêt.

En 943, les Nantais, tombés entre les mains des Normands, après le meurtre de l'évêque saint

(1) *Lumière sans feu, mais non sans vie* (*Le Monde de la mer*, par André Fréjol.) Spallanzani a fait un grand nombre d'expériences sur la lumière des méduses et en particulier sur celle de l'aurélie phosphorique. Il a reconnu que cette remarquable propriété réside dans les tentacules, la zone musculaire du corps et l'estomac. Le reste de l'animal ne brille que par réverbération. La source de la phosphorescence est due à la sécrétion d'un liquide visqueux, qui suinte à la surface des organes. Si l'on mêle cette humeur à d'autres liquides, ceux-ci deviennent phosphorescents.

La phosphorescence est sous l'influence du système nerveux et par là même de la volonté de l'animal, quoique ces êtres sans cervelle paraissent avoir peu de volonté.

M. Simonneau, ancien instituteur à Barbâtre, a bien décrit ce phénomène sous le nom de l'*Illumination du Pé*, dans un article publié par le Journal de Luçon.

(2) Le froid fut pourtant beaucoup moins vif dans l'île qu'au continent; les figuiers, les lauriers, les magnolias, résistèrent, tandis que ces arbres périrent presque tous à Nantes et dans les départements voisins.

Gohard, furent transportés à Noirmoutier. Profitant d'un moment où les pirates, ivres de vin, se disputaient leurs dépouilles, ils se dégagèrent de leurs liens et traversèrent, à basse mer (*mare retracto*), moitié à pieds, moitié à la nage, les sables qui séparent l'île du continent. C'était un acte de désespérés.

De 1766 à 1767, les Noirmoutrins travaillant à la Crosnière, sachant que quelques-uns d'entre eux avaient réussi à passer à pied du rivage de Noirmoutier à celui de Beauvoir, prirent l'habitude d'aller et de venir en ligne directe de la Bassotière à leur desséchement. Quelques temps après un nommé Gauvrit, tailleur à Barbâtre, marchant difficilement, parce qu'il était infirme, franchit le Gois à cheval et depuis ce jour la grève a été fréquentée par une foule de chariots attelés de bœufs ou de chevaux.

Le 12 octobre 1793, Charette qui s'était ménagé des intelligences à Barbâtre, passa le Gois avec son armée, à 1 heure du matin, et se rendit maître de l'île. Le chef vendéen pour éviter le passage ordinaire, qui était gardé, entra dans la mer près du lieu appelé l'Arche-de-l'Église, et, dirigé par de bons guides, aborda dans l'île à la Maison rouge ([1]).

Lors du retour offensif des républicains (4 janvier 1794), Jordy essaya de débarquer à l'aide de gabarres sur les digues situées entre le fort de la Cassie et celui de la Grande-Rouche plus au sud. Il fut griè-

---

[1] Ch. de Sourdeval *loc. cit*, *page* 69

vement blessé, mais il réussit à triompher de la résistance opiniâtre des Vendéens, après avoir perdu 130 hommes et en avoir eu 200 blessés. Dès que la mer commença à baisser, Haxo, commandant de l'expédition, le général en chef Turreau et les représentants du peuple Bourbotte et Prieur de la Marne, s'élancèrent avec 2,000 hommes dans le Gois et firent leur jonction avec Jordy.

Au retour de cette expédition, le général Arbertin raconte qu'il faillit s'y perdre, son guide étant de connivence avec l'ennemi ([1]).

En 1800 au mois de juillet, le Gois fut témoin d'un beau fait d'armes des paysans de Noirmoutier et de Beauvoir sous les ordres de Solin-Latour et de Mourain-Bijonnière.

Pendant la soirée du 1er juillet (12 messidor, an VIII), douze à quinze chaloupes canonnières se détachèrent de l'escadre du commodore Warren, entrèrent dans le Gois avec la marée et vinrent brûler en Fromentine de nombreuses barques chargées de blé. Sur les deux rives les paysans exaspérés assistaient à ce spectacle. Au retrait de la mer les chaloupes anglaises s'échouèrent sur la vase. Noirmoutrins et hommes de Beauvoir, armés de mauvais fusils, de faux, de bâtons ferrés descendirent dans le gué, se ruèrent sur les Anglais, s'emparèrent de leurs péniches et leur firent deux cents prisonniers, dont quatre officiers.

(1) *Mémoires du général Hugo.*

Cette victoire eut des suites sur lesquelles les vainqueurs ne pouvaient compter, et un petit coin de terre perdu dans l'océan dicta sa volonté à une des plus grandes et des plus puissantes nations du globe. L'Angleterre, pour racheter ses prisonniers, s'engagea à ne plus reparaître sur nos côtes pendant la guerre et renvoya de ses pontons tous les marins de la baie (¹).

Le premier consul voulut voir les héros de ce combat. Il leur donna audience le 3 septembre, remit à chacun une somme d'argent et une carabine d'honneur et leur demanda en quoi il pouvait leur être agréable. « En nous rendant nos curés, répondit l'un d'eux. » L'adroit politique voulant pacifier la Vendée, se hâta de faire droit à leur demande (²).

Si les grands faits du Gois sont connus, que de petits faits intéressants sont restés et resteront dans l'oubli !

Une veille de foire de Saint-Filbert, par un beau soir d'août, une troupe de saltimbanques fut surprise par la mer. Voiture, cheval, loques de pitre et de paillasse sont entraînés par les flots. Les saltimbanques se réfugient sur une balise et, pour appeler du

---

(1) Voir Piet, page 633 ; Mourain de Sourdeval, *Passage du Gois*, *Journal des Haras*, 1853. Ed. Gallet, *La ville et la commune de Beauvoir* et Viaud-Grand-Marais, *Un fait d'armes vendéen en 1800*, *Revue de Bretagne et de Vendée* 1872.

(2) Douze hommes furent présentés au premier consul, les six de Noirmoutier furent *Julien-André Lassourd, Sébastien Palvadeau, Jean Penisson, François Boulet, Isidore Milsent* et *Mathurin Perchais.*

secours, organisent un concert en plein vent d'un nouveau genre, dans lequel l'harmonie est ce qui les préoccupe le moins. Fifres, grosse caisse, tambours, cors de chasse, triangle et chapeau chinois font un bruit d'enfer.

Les mouettes eurent peur; elles poussèrent un cri rauque et déployèrent au loin leurs ailes grises.

Le capitaine Trubin, mouillé en Fromentine, surpris d'un bruit aussi inusité, se rendit compte de sa cause à l'aide de la longue-vue, et envoya un canot recueillir ces bruyants naufragés.

Un autre jour, des commis-voyageurs un peu gais montent dans le refuge le plus rapproché de la Bassotière et s'y installent avec du champagne, des huîtres et de quoi faire un bon dîner. Ils disent au conducteur, Guillaume Boco, homme de cœur et de dévouement, d'aller porter ses dépêches en ville et de revenir les prendre. S'ils ont besoin de lui, ils lui feront signe avec un mouchoir, sinon la voiture attendra sur la digue.

A son retour Guillaume vit un mouchoir flotter. La mer commençait à baisser, pas assez toutefois pour qu'il put atteindre la balise. Il essaya de se servir d'un canot, mais, meilleur conducteur que pilote, il ne put lutter contre le jusant. Cependant deux, trois, quatre mouchoirs s'agitaient au sommet de la cage-refuge. N'écoutant que son courage, il s'élança dans l'eau, haute de plus d'un 1^m, et ramena un à un à terre ses gens dégrisés, se plaignant du mal de mer et jurant qu'on ne les y reprendrait plus.

Le passage du Gois, dit J. Piet, n'offre plus aucun danger dans la belle saison, mais présente toujours un curieux spectacle par son animation et son étrangeté.

Le voyageur, tout en admirant cette pittoresque traversée, se demande pourquoi on n'en supprime pas les inconvénients par des digues nouvelles et des desséchements transformant Noirmoutier en presqu'île. L'heure ne semble pas encore venue et il serait à craindre que les courants détournés de leur direction naturelle ne vinssent couper l'île en deux au niveau de la Guérinière. De plus l'entonnoir vaseux du Pé a son utilité pour la navigation côtière et, dans les cas de guerre maritime, il sert de refuge aux navires de faible tonnage.

Au-delà du Gois, la route traverse la plaine de Barbâtre, arrive dans ce bourg (2 kil. du gué), le côtoie, passe par la Maison rouge (1/2 kil.), rencontre les sables de la Tresson et atteint la Guérinière (5 kil. de Barbâtre et 5 kil. de Noirmoutier). Elle fait un coude à la sortie de ce dernier village et remonte au nord vers la ville, dont on aperçoit, depuis le Gois, le château à tourelles et le clocher roman (1).

La route actuelle est beaucoup plus courte que ne l'était la grande charraud suivie par les armées de Charette et d'Haxo. Celle-ci très sinueuse se rappro-

(1) Il sera parlé de nouveau pages 109 et suivantes de Barbâtre et de la Guérinière au chapitre des excursions.

chait de l'Épine et venait aboutir à l'extrémité ouest
de la grand'rue de Noirmoutier, tandis que la route
laissant à gauche la plus grande partie de cette rue,
entre en ville par un pont touchant l'écluse du port.
La grande charraud passait près d'un endroit où de
vieux murs se voient au milieu de marais salants,
les Champs Poiroux ou pierreux. Ce fut là, que
Dubois de la Guignardière, chef de la paroisse
de Soullans, se fit tuer en janvier 1794 en luttant,
pendant plus de sept heures, avec une poignée de
braves contre l'armée d'Haxo (¹).

II. — Voie de Fromentine.

Cette voie est principalement suivie par les voyageurs venus à Beauvoir après l'heure du Gois. Elle
n'est possible que par une beau temps, à cause du
passage du goulet en bateau. Elle sert aussi aux personnes venant de l'Ile-d'Yeu ou de Saint-Jean-de-
Monts.

Trajet : Route de voiture de Beauvoir à la Barre-de-Monts,
8 kil. (1 heure) ; prix par le courrier, 1 fr. 50. — Traversée de Fromentine en petit bateau à voile, 1 kil. environ à mer haute
(1/4 d'heure, ou plus, suivant les bordées à prendre) ; prix, 0,30.
— Route de la pointe de la Fosse à Noirmoutier, 15 kil. ; elle n'est
pas desservie par un service de voitures.

Le courrier de la Barre part aussitôt l'arrivée de celui de
Bourgneuf.

La route laisse à droite celle du Gois, puis la

(1) Les Champs Poiroux ont une légende de *rentres rouges;* or,

maison de Saint-Pierre bâtie sur l'ancien prieuré de Saint-Pierre-des-Champs ou des Jacobins, où mourut saint Goustan, en 1040 (¹). Elle traverse une plaine nue avec des champs et des prés entourés de fossés et arrive au Grand-Pont (3 kil.), village situé sur le Grand-Étier et principal port actuel de Beauvoir.

A peu de distance, un moulin et une ferme portent le nom de l'Ampan, rappelant l'ancienne station d'*Ampennum*, dont il est parlé jusqu'en 1349. Des fouilles mériteraient d'être faites sur ce sol jonché de tuiles à rebord, de briques et de pierres de délestage.

La voie s'incline à l'ouest et traverse l'étier du Perrier. Celui-ci reçoit les eaux du marais du pays des Monts, tandis que le Grand-Etier naissant à la Garnache et passant à Pont-Habert sert de déversoir aux marais de Challans, de Sallertaine, de Saint-Gervais et à une partie de celui de Beauvoir. Tous les deux sont munis d'écluses et régis par des syndicats. Ils unissent leurs eaux et se jettent par une embouchure commune dans le détroit de Fromentine, à la Pointe-aux-Herbes.

C'est l'ancien port de la Fourche (*Furcæ-Portus*), où débarquèrent en 836 les moines de Noirmoutier emportant avec eux les restes de leur fondateur et

les légendes de cette sorte se rapportent aux protestants à cause de la ceinture rouge, qu'ils portaient. Les ruines proviennent peut-être d'un fortin établi par eux ou contre eux.

(1) *Note sur saint Goustan*, par Am. Gallet.

ceux de saint Viaud, et suivis par une grande partie de la population de l'île (¹).

L'horizon est borné au sud par des dunes semées de pins, sur lesquelles se détachent la Barre-de-Monts (1,442 hab.) et son église. On laisse à gauche ce bourg, et passant au milieu de sables maritimes, où des figuiers croissent à l'état sauvage, on atteint le village de l'Embarcadère. Le courrier y conduit, allant remettre au steamer *la Vendée*, les dépêches pour l'Ile-d'Yeu.

Le pays de Monts doit son nom aux hautes dunes qui, dans cette partie du littoral, bordent la côte, et comprend les trois communes : Saint-Jean, Notre-Dame et la Barre. Quant au mot Barre, il dériverait, d'après F. Piet, du celtique *barren*, port.

Le village de l'Embarcadère ne consiste que dans une auberge et quelques maisons près desquelles pousse dans le sable une narcissée rare et à fleurs très odorantes, le *Pancrace maritime*.

Le passage dans le petit bateau est charmant si le vent et le courant sont favorables, sans quoi il faut louvoyer et prendre patience.

On ne trouve au village de la Fosse aucun moyen de transport, à moins, qu'au départ de Beauvoir, une voiture n'ait été demandée à Noirmoutier par télégramme.

La route de 5 kil. est tracée dans des sables brûlants, embaumés par les senteurs de l'immortelle et

(1) C. Mourain de Sourdeval, *loc. cit.*

de l'œillet des dunes. Elle passe par la Frandière, gros village au milieu de figuiers et de mûriers, et rejoint à Barbâtre celle du Gois. A Barbâtre on peut trouver une voiture chez Pierre Renaud.

III. — Voie de Pornic et de la baie de Bourgneuf.

Trajet de Nantes à Pornic : Chemin de fer de l'État (gare de la Prairie-au-Duc), 57 kil. (1 h. 30 à 2 h. 23); prix : 6 fr. 35, 4 fr. 75, 3 fr. 50. — Billets de bains de mer valables un mois, aller et retour, avec réduction de 40 o/o.

Pornic à Noirmoutier : Bateau à vapeur, 8 milles marins, soit 15 kil. environ (1 h.); prix : 2 fr. 50; billet d'aller et retour, 4 fr. — Prix d'une barque frétée exprès : aller et retour, 20 à 25 fr.

Du bois de la Chaise à Noirmoutier : 1 kil. 1/2. Omnibus, prix : 0 fr. 50. Anes, prix à débattre; en général, aller et retour, 1 fr.

Un petit steamer appartenant à M. P. Oriolle, le *Paul Boyton,* cap. Lahaye, fait un service aussi régulier que possible entre Pornic et le bois de la Chaise, du 1ᵉʳ juillet au 15 septembre, mais il ne faut pas lui demander plus qu'il ne peut faire avec un port à marée.

Il part de Pornic vers 10 heures, après avoir recueilli les voyageurs venus par le premier train de Nantes, les débarque dans la rade parfaitement abritée du bois de la Chaise, vers 11 heures et repart de Noirmoutier à 3 heures afin de correspondre avec le train de 4 h. 3/4 pour Nantes. Ce premier voyage aller et retour se fait chaque jour.

Le *Boyton,* autant que possible, part une seconde

fois de Pornic après l'arrivée du train de 7 heures
du soir, mouille devant le bois vers 9 heures et
quitte l'île le lendemain à 6 heures pour correspondre avec l'express du matin (¹).

Le trajet de Nantes à Bourgneuf (42 kil.) a été
décrit page 25. En quittant Bourgneuf, la voie fait
une courbe et se dirige vers le nord-ouest au milieu
de marais salants.

Stations : Les Moutiers (46 kil.), bourg fréquemment inondé par la mer. Vue sur la baie de Bourgneuf et au loin sur Noirmoutier. Dans le cimetière,
curieux petit édifice appelé la *lanterne des morts*.
— La Bernerie (49 kil.), station balnéaire, source
ferrugineuse. — Le Clion (54 kil.). A droite, l'étier
de Haute-Perche allant se jeter dans le port de
Pornic.

Pornic (57 kil.). Jolie petite ville de 1,809 habitants et bâtie en amphithéâtre. Plages du Château
ou des Dames, du Jardinet, de la Noveillard. Port
bordé de quais ; place ornée de la statue du contre-
amiral Leray. Source ferrugineuse derrière la pointe
de Gourmalon. Château du XIIIᵉ ou XIVᵉ siècle. Promenade de la terrasse. — Les châlets se continuent
sans interruption jusqu'à Sainte-Marie.

La traversée de Pornic au bois de la Chaise sur le
Boylon est, par un beau temps, une partie de plaisir.
Elle est courte, la mer est habituellement douce, le

(1) Le voyage de Noirmoutier à Nantes par le bateau du matin
et l'express de 8 heures est le plus rapide de tous. Trois heures et
demie du bois de la Chaise à la gare de Nantes.

capitaine d'une grande prudence et l'on ne quitte pas la côte de vue. Il faut être bien prédisposé au mal de mer pour l'avoir dans de pareilles conditions.

Ne pas s'embarquer à jeun, ne pas regarder les vagues trop rapprochées, se tenir autant que possible à l'arrière du navire et en bas, sont de bonnes précautions. — Un citron, des pastilles de menthe, un peu de vieux cognac, soulagent si le mal commence à venir et aident à gagner du temps.

Le navire, à mer haute, part du port ; on doit, à mer basse, aller le chercher à la Noveillard, à deux kilomètres de la gare (omnibus 0 fr. 50) et descendre alors dans un canot agité par le ressac.

En quittant Pornic, le *Boyton* passe au N.-O. de la Basse-Notre-Dame, ou, si la mer le permet, entre ce haut-fond et celui du Caillou. Deux tours indiquent ces écueils.

De l'arrière, la vue s'étend sur la petite ville, l'entrée du port et les chalets. A gauche se voient la plage des Grandes vallées où se trouve l'établissement hydrothérapique, dirigé par le D' Maisonneuve, Sainte-Marie avec sa jolie église et son clocher en pierres blanches, le clocher de la Plaine derrière un pli de terrain, Préfailles, la pointe de Saint-Gildas et l'entrée de la Loire ; à droite la pointe de Gourmalon, les deux Birochères, la Joselière et, dans le fond de la baie, la Bernerie et les Moutiers ; sur le rivage qui fuit dans la direction de l'est, Bourgneuf et le bois du Collet. La ligne de terre formée par des digues est là au niveau de l'eau et au-dessus émergeront plus loin le clocher de Bouin, le bois de Fontordine et Beauvoir.

Mais la moitié de la route est déjà parcourue, la tour de Pierre moine, rayée de rouge et de blanc est venue se placer dans l'allignement des deux tours du Pilier.

Les regards se portent sur Noirmoutier dont les détails deviennent de plus en plus nets. En face est le bois de la Chaise avec le phare des Dames([1]). A droite la petite anse des Fontenelles, la tour Plantier, appartenant actuellement à M. Charrier, l'ancienne batterie du Tambourin, l'anse des Souzeaux, appelée l'anse rouge à cause de la couleur de son sable et que borde le bois de Grand'Lande, la masse rocheuse du Cob détachée de la pointe voisine et transformée en ilot à haute mer, la belle anse de la Claire, le Vieil, l'Herbaudière ; au large le Pilier.

A gauche est l'anse du bois de la Chaise avec ses cabanes de bains et son restaurant, le fort Saint-Pierre, les restes d'un fortin sur une pointe avancée, l'anse des Sableaux, au sable blanc, donnant son nom à une maison bourgeoise et à un bois, l'entrée du port ; plus à l'est encore, les terres basses de la Guérinière et de Barbâtre avec leurs églises et des moulins.

Le bateau jette l'ancre à deux ou trois encablures ([2]) du rivage que l'on rejoint en canot. Une

---

(1) On trouve chez le gardien du phare des Dames des algues ou plantes marines admirablement préparées.

(2) L'encablure est de 200 mètres.

estacade au bas de la Chambre des Dames rendra, l'année prochaine, le débarquement plus facile. Les moyens de transport pour la ville ont été indiqués plus haut.

La route (1,500 m.) part de la plage, passe devant les chalets, laisse à gauche le bois de Pélavé, à droite les Sorbets entourés de murs, atteint le puits d'Aquenette (*Aqua nitida*) (¹) et tourne à droite vers la croix de Saint-André que l'on aperçoit de loin ; là elle s'incline à gauche, passe devant la fontaine minérale et aboutit en ville à la rue du Grand-Four.

(1) D'après un dicton populaire : *Qui a bu de l'eau d'Aquenette en boira*, c'est-à-dire reviendra à Noirmoutier.

CHAPITRE IV

La Ville de Noirmoutier.

Église avec deux prêtres. — Deux chapelles. — Hôpital (princ. fond. : le Dr Lefebvre et L. Impost), Orphelinat (fond. : Mme Ve Guérin-Richer). École maternelle, (fond. : Mmes Impost et Richer.) Asile des vieillards, sous la direction des Sœurs de la Sagesse. — Bureau de bienfaisance. — École laïque de garçons. — École de filles tenue par les dames Ursulines de Chavagnes. — Société de sauvetage (prés. du com. loc. : M. A. Herbelin, maire de Noirmoutier). — Société philarmonique, fondée et dirigée par M. J. Pineau.

Un médecin, le Dr Gustin; un pharmacien, M. Trastour. — Bureau de poste; télégraphe; quartier maritime.

Trois hôtels. — Nombreux appartements garnis à louer; deux boulangers; trois bouchers; trois charcutiers; douze épiciers; quatre loueurs de voitures à volonté; cafés, auberges, etc. (*Voir aux annonces*).

La ville de Noirmoutier avec ses faubourgs (Banzeau, le Moulin-Raimbaud, Beaulieu et Rouault) compte 2,029 habitants.

Elle est assez irrégulièrement groupée autour du château et de l'église, et s'étend surtout dans la direction du nord-ouest.

L'église, dédiée à saint Filbert, est bâtie sur l'emplacement de l'ancienne chapelle claustrale de l'abbaye bénédictine, consacrée à la sainte Vierge par le fondateur du monastère.

Brûlée par les Sarrazins en 732, par les Normands, 830, elle a été plusieurs fois reconstruite. Sa tour romane, d'une belle élévation, ne date que de quelques années; elle est l'œuvre de M. Lesant. Les autels latéraux sont ornés de retables du xviii° siècle admirablement fouillés. Des guirlandes de fleurs sculptées dans une pierre blanche encadrent des tableaux qui ne sont pas sans valeur.

Un tableau représentant saint Maur marchant sur les eaux pour sauver saint Placide, se voit sous le clocher. C'est évidemment un fragment d'une plus grande toile due au pinceau d'un maître.

Un arceau de forme ogivale, creusé dans l'épaisseur du mur sud, porte le nom des *Sept-Dormants*. Ne doit-on pas y voir un ancien enfeu, malgré l'opinion contraire de Piet (¹) ?

Deux escaliers conduisent dans une crypte située sous le chœur, monument le plus intéressant de l'île, au point de vue archéologique. Elle porte le nom de chapelle de Saint-Filbert. Le corps du fondateur de Jumièges et de Noirmoutier y fut déposé, il y a aujourd'hui douze cents ans (20 août 1884). Il y resta de 681 à 836. Elle a renfermé aussi celui de saint Viaud et a servi de cache pendant

(1) Piet dit qu'en 1793 on voyait sous cet arceau un groupe de pierres représentant les sept dormants martyrisés sous l'empereur Dèce, et que ces statues horriblement mutilées ont été employées à la construction de la croix du cimetière. (*Recherches*, page 60.)

les invasions normandes à une foule d'objets précieux, dont l'église de Tournus possède encore une partie. Les moines, dès que les barques ennemies étaient signalées, comblaient de terre la crypte qui se trouvait de plus protégée par les ruines de l'église.

La crypte daterait-elle du VIIe siècle? c'est probable. Elle a subi diverses modifications, sans perdre toutefois son style roman et ses formes primitives.

« Elle mesure 8^m 50 sur 6^m et la hauteur des voûtes, du sol à la clef, est de 2^m 20. Deux rangées de colonnes la partagent en trois nefs. Ces colonnes sont aussi peu ornementées que possible et leur base carrée n'offre qu'un tore grossier contournant le pied du fût. Le chapiteau de forme cubique, évasé en haut a pour tout ornement un tore servant d'astragale au sommet du fût et une entaille biseautée au quatre angles du chanfrein » ([1]).

Une sorte d'avant-crypte destinée peut-être à recevoir les châsses des saints, se prolongeait sous le maître-autel. Modifiée à diverses époques, elle a disparu dans les dernières réparations exécutées en 1862 par ordre de M. le curé Pinet, et sous la direction de M. A. Charrier, architecte. A sa place se voit actuellement une statue de saint Filbert, œuvre de M. Potet de Nantes.

Entre les quatre premières colonnes de la chapelle souterraine, est le tombeau de saint Filbert, monument massif de pierres. taillées à arête, sans

[1] J. Piet, pages 57 et 58.

autre décoration, qu'une croix en relief ('). Il présente en dessous une ouverture sous laquelle on
peut passer en rampant. D'après Ermentaire, l'un
des anciens moines de l'abbaye, beaucoup de mi-
racles se sont opérés dans ce lieu. Au mois d'août et
de septembre, le tombeau est couvert de couronnes
d'immortelles.

Un banc de pierre régnait autour de la crypte.
En le faisant disparaître pour donner plus de place
aux fidèles, M. Charrier a mis à découvert des
espèces de niches au niveau du sol. Elles devaient
faire partie du système de cachettes des moines,
toujours dominés par la peur des pirates scandi-
naves.

Des fouilles sous le dallage ont mis à nu des
ossements et une colonne à chapiteau plus ornée
que les autres ; elle rappelle celles de la crypte de
saint Laurent, à Grenoble, aussi de l'époque méro-

_____

(1) Voir *Recherches*, page 56. J. Piet en donne une description
détaillée et un plan lithographié dessiné par M. Arsène Charrier.

Un dessin de la crypte accompagne la vie de saint Filbert, par
M. l'abbé Michaud, et un autre, dû au crayon de M. G. Hocart,
l'opuscule de M. Stéphane de la Nicollière, intitulé : *Un registre
illisible. Notes sur Noirmoutier*, 1577 à 1589.

A côté de ce dernier dessin M. Hocart a représenté les armoi-
ries des principaux établissements religieux de l'île en 1696. 1o Abbaye
de Noirmoutier, *de gueules à une croix d'argent perronnée de
quatre marches.* 2o La communauté des religieux réformés de
l'ordre de Citeaux (la Blanche), *de vair, à une croix écartelée
d'argent et de sable.* 3o Le prieuré de Noirmoutier, *d'azur à une
croix, parti d'or et de sinople.* 4o Le prieuré du Reclussage, près
de l'église Saint-Michel, premier séjour de saint Filbert, *de sinople
à une croix écartelée d'or et d'azur.*

vingienne, et soutient actuellement un tronc placé près d'une des portes.

Près de l'unique fenêtre se voit dans le mur une plaque de marbre blanc, portant l'épitaphe suivante :

CY EST LE CŒVR DE TRES HAVT ET PVISSANT SEIGNEVR
MESSIRE FRANÇOIS DE LA TRÉMOILLE,
MARQVIS DE NOIRMOVTIER,
QVI DECEDA LE 14e JOVR DE FEBVRIER 1608.

François de la Trémoille résida fréquemment dans l'île; il la défendit sous Henri III et Henri IV, contre tout ennemi du dehors ou du dedans. Il paraît avoir eu maille à partie avec ses vassaux, quelque peu ligueurs, car sur le vieux registre de la mairie, déchiffré par M. de la Nicollière, on lit après son nom les lettres suivantes : D. p. s. s. g. l. v. a. (Dieu par sa sainte grâce le veuille apaiser!) (¹)

Les bâtiments du Prieuré attenant à l'église occupent l'emplacement de l'ancienne abbaye.

Un souterrain, qui existe encore en partie, unissait l'abbaye au château, où les moines se réfugiaient en cas d'attaque.

Construit par Hilbold, abbé d'Hério, vers 830, pour mettre les moines et leurs vassaux à l'abri des incur-

---

(1) Pendant qu'il était seigneur de l'île, les Hollandais y firent une première apparition.

Et le 1 jour du mois de febv. 1588, dit le vieux registre, vinrent en Noirmoutier les Olandys, ce qui est au grand dommage des

sions des Normands, la petite forteresse a plusieurs fois changé d'aspect. Elle forme un quadrilatère flanqué aux angles de tours dont deux sont surmontées de toits en poivrière. Dans l'une d'elles est établi un télégraphe optique correspondant avec la pointe de Chémoulin, près Saint-Nazaire, et avec l'ile d'Yeu.

Le château, entouré d'une enceinte moins élevée et défendue elle-même par des fossés, sert actuellement d'arsenal. Sous la révolution il renfermait les personnes destinées à comparaitre devant la commission militaire. A la suite de la guerre d'Italie, il reçut des prisonniers autrichiens et après la Commune, redevint une prison pendant quelques mois.

Jusqu'en 1700, la mer venait dans les douves du château. A cette époque, le gouverneur Hersfelt ferma les issues à l'arrivée du flot, ouvrit la porte actuelle et établit sa résidence dans la forteresse.

Au sud du château se trouve la place d'armes, vaste et belle place plantée d'ormeaux et que borne de l'autre côté le port. Elle fut le lieu d'exécution de d'Elbée et de ses compagnons. A gauche est la douane ; à droite s'élève l'hôtel Jacobsen bâti en 1767 et ayant servi pendant la Révolution de résidence aux états-majors royalistes et républicains, et de prétoire à la commission militaire.

habitans, par espécial les pouvres gens, sans compter les violentements qu'ils y font et malsacres. D. p. s. s. g. n. d. l. p. d. l. s. e. s', ils. y. d. d. s. sqz. p. d. s. s. q. y. v. n. s. b. m. il. n. f. g. l. p.

Au-delà le port, la vue s'étend sur des marais salants. Le fond du tableau est formé, de droite à gauche, par la maison blanche du garde-digue de la pointe de Devin, le village et les moulins de la Bosse, la dune de Saint-Jean, dite aussi dune aux *chouards* ou hannetons ('), le village de l'Épine avec son église et ses ormeaux, les dunes de Magourd, de la Vigie et du Pé de l'Herce, la plus haute de la chaîne, le moulin de la Loire, vers la pointe du même nom, qui, à chaque mauvais temps, menace d'être enlevé par la mer, la Guérinière, le four à chaux de la Tresson, plus loin encore dans le sud-est le clocher de Barbâtre avec sa flèche pointue couverte en ardoises et des moulins couronnant de hautes dunes.

Le port n'est qu'un étier; malgré une écluse de chasse, il s'envase chaque jour. Il est muni d'un avant-port (Luzan), borné au nord par les digues Jacobsen, et se prolongeant jusqu'au fort Larron, en face duquel se trouve une jetée-estacade ; le chenal aboutit à la rade de l'Atelier (2 kil. 1/2 de la ville).

Le port ne donne plus entrée qu'à des bâtiments de 200 tonneaux. Il a reçu en 1883, 500 bateaux.

Les importations ont été la même année de 3,366 tonnes (houille, bois de construction, farines, boissons, bois à brûler, denrées coloniales, etc.), et les exportations de 12,947 tonnes (sel, grains, pommes de terre, fèves, cendre de varech, etc.).

(1) Le hanneton désigné sous le nom de *chouard* est le beau hanneton des tamarix ou *Polyphylle foulon*, très demandé par les entomologistes.

Outre l'Hôtel Jacobsen, il reste à Noirmoutier un certain nombre de vieilles maisons portant toutes un nom particulier : La Seigneurie transformée en magasin ; Noizillac sur la petite place, Belair rue du Grand-four ; la Maduère à l'union de la rue de ce nom et de celle de la Mare ; elle appartenait en 1793 à Mme Mourain de l'Herbaudière, et d'Elbée y fut fait prisonnier ; la maison de Tainguy à l'entrée de la ville, maison du XVIe siècle, dont la partie la plus intéressante munie d'un balcon et d'une tête renaissance finement sculptée a été récemment démolie ([1]).

Il ne reste plus rien du Reclusage. De Saint-Michel première église paroissiale établie par saint Filbert, on trouve encore quelques vestiges en creusant des tombes dans le cimetière, qui, établi autour de cette église, date de 1200 ans.

Un petit musée d'intérêt local doit être installé à la Mairie après sa reconstruction, et les amateurs de conchyologie trouveront chez M. F. Boucheron, à Banzeau, une collection aussi complète que possible des coquilles de l'île.

(1) Parmi les maisons nouvelles on doit signaler celle de M. A. Masson, rue du Grand-four.

CHAPITRE V

Le bois de la Chaise et le Pélavé.

La grande attraction de Noirmoutier est le bois de la Chaise, ou mieux de la Chaise-Dieu (*Sylva casæ Dei*), le bois de l'Église, par opposition à celui du Pélavé, (*Podium abbatis*), pé ou hauteur de l'abbé ([1]).

Les poètes l'ont chanté et des peintres de mérite en ont représenté sur la toile les plus beaux points de vue.

Aujourd'hui, de nombreux étrangers accourent sur ses plages bienfaisantes leur demander la santé et des forces nouvelles.

Le dimanche, tous les habitants de la ville, qu'un devoir impérieux ne retient pas à la maison s'y donnent rendez-vous.

Le Bois a environ 110 hectares. La partie qui avoisine l'anse des bains est un bien de l'État; celle qui s'étend du Tambourin au Cob appartient à la

---

([1]) De la Pilaye faisait dériver Pélavé de *pelven* menhir, pierre debout. Il existe un menhir au bas du coteau.

famille Jacobsen. Il avait été entièrement détruit au moment de la Révolution. Ses plus beaux arbres, nés sur souche, n'ont donc pas cent ans (¹).

Des routes partant de la ville comme des rayons le divisent en segments, de la plage du Sableau à l'anse de la Claire. Leur longeur varie de 1,500 à 2.000 mètres et elles sont boisées dans leur dernier tiers.

La plus jolie, mais non la plus courte, est le sentier, qui se détache de la route ordinaire au puits d'Aquenette et passe à l'est du Pélavé. On voit de la hauteur de Gaillardin, à travers les arbres, Noirmoutier, la mer, le port et la partie sud de l'île.

Le sol du bois se compose de blocs de grès ou de quartzites, en apparence irrégulièrement entassés, mais dont, il est cependant possible, de reconnaître la stratification.

Au milieu de ce chaos, poussent du côté de la mer des yeuses, ou chênes verts, entremêlées de pins. L'Océan se creuse des anses dans ce fouillis d'arbres et de rochers ; il se montre à chaque instant à travers le feuillage et toujours avec un aspect nouveau. Les découpures de la côte portent, du sud au nord, les noms de pointe Saint – Pierre, anse des Fontenelles, tour Plantier, massif du Tambourin, anse des Souzeaux, Cob et pointe du Cob.

(1) Richer parle de nudité de la falaise ; F. Piet écrit en 1810 : Nous dirigeâmes notre promenade vers ces coteaux que couronnait autrefois le beau bois de chênes verts, appelé bois de la Chaise.

Derrière le bois de la Chaise sont de grands bois de pins maritimes ([1]) semés par la famille Jacobsen. Ils rappellent Arcachon et sont largement percés de routes, portant les noms de *Chemin des soupirs*, *Vingt-quatre pieds partout*, etc.

Grâce à l'intelligente initiative de M. Hubert, des châlets ont été construits parmi ces pins et Noirmoutier a vu décupler le nombre des personnes fréquentant ses plages.

On pourrait y créer une station hivernale de premier ordre en bâtissant des maisons à murs épais et à bonnes cheminées ; c'est là pour le pays une question d'avenir.

L'air du bois est pur et embaumé par les pins et les bruyères. Le convalescent y respire à pleins poumons et éprouve un sentiment de bien-être, premier signe du retour à la santé. La température y est douce même en hiver, et le thermomètre de l'observatoire du phare marque dans les jours de froid un ou deux degrés au-dessus de ceux de la ville. Pendant l'hiver, rigoureux de 1879 à 1880, il n'est descendu qu'à — 4 et un jour seulement. Les *mimosa*, au mois d'avril de la même année, étaient couverts de feuilles et de fleurs au châlet de M. Masson. Des lauriers-tins et plusieurs autres plantes méridionales croissent sous le bois, où des circonstances fortuites ont disséminé leurs graines.

La Pointe des Dames est surmontée d'un phare à

_____

(1) Désignés dans l'île sous le nom de *sapins*.

feu blanc du côté de l'île et rouge vers la baie et dans la direction des Bœufs. Du haut du phare, la vue s'étend sur toute l'île, sur la baie de Bourgneuf et la côte voisine, et quand le ciel est clair, sur l'île d'Yeu. C'est une ascension que le touriste doit faire, s'il n'est pas monté sur une des tours du château, d'où l'on jouit d'un vaste panorama.

Une boîte de secours est déposée chez le gardien du phare, renseignement qu'il est bon de noter.

Laissant de côté la petite forteresse de Saint-Pierre et son bois délicieux, la société se groupe surtout vers la *Chambre des Dames,* en particulier sur un banc de pierre au niveau du sol, formant comme un petit salon. Là se sont tenues, en 1861, les assises de la Société botanique de France.

La Chambre des Dames est un des plus beaux endroits du bois. C'est un ensemble de rochers et de grandes grottes au milieu desquels s'élève un bouquet de chênes verts. Au-dessous s'étend la baie de Bourgneuf calme et bleue comme un lac et couverte de barques de pêcheurs. Que le vent d'ouest vienne troubler les flots, le spectacle change du tout au tout. « A cette agitation des flots, à ces bruits tumultueux, on dirait le combat des deux éléments ; c'est la terre qui se défend par son inertie et qui résiste par son immobilité aux attaques de l'Océan soulevé contre elle. La terre, muette dans le calme, répond alors par des échos terribles au mugissement des mers. La mer se brise au pied des rochers avec un sourd murmure ; elle pénètre dans leurs grottes profondes, et l'oreille trompée croit entendre le bruit éloigné du tonnerre. Le flot écume et rejaillit en pluie fine, que le vent apporte de toutes parts sur le penchant du coteau. L'oiseau des mers siffle dans les nuages ; le vent gronde dans les anfractuosités des rochers.» (¹)

A la Chambre des Dames commence le *Chemin des grottes* tracé au milieu de rochers moussus, tapissés de lierre et de chèvrefeuille ; tantôt ce ravissant sentier descend vers la grève jusqu'aux premiers varechs et tantôt remonte en serpentant sur la falaise. Ici il faut nous frayer une route dans le fourré; là nous nous courbons pour passer sous une grotte ; partout nous avons comme fond de tableau la mer et la côte de Pornic et de Sainte-Marie.

Souvent dans les chaudes journées des mois de juillet et d'août, on a le singulier spectacle du *mirage*. Il se présente quand les couches de l'atmosphère sont inégalement chauffées. « Quelquefois la côte opposée paraît coupée en deux; les navires semblent voguer sur la terre et les maisons paraissent comme des châteaux aériens parce que la base qui les soutient a disparu. (²) »

Chaque grotte, chaque rocher curieux a sa légende. Cet énorme bloc de quartzite coupé verticalement en deux porte le nom de *Rocher Saint-Pierre*.

Cette longue caverne, c'est la *Grotte de Saint-Fil-*

(1) *Aspect pittoresque de l'île de Noirmoutier,* par Ed. Richer, p. 18.

(2) Ed. Richer, *loc. cit.*, p. 17.

bert, ainsi nommée parce qu'il aimait à venir y prier.

Au delà, le paysage devient alpestre, mais toujours avec la vue de la mer.

Cette autre excavation porte le nom de la *Grotte des Lions,* quoiqu'il n'y ait pas plus de lions que de perdrix dans l'île, où une grande tolérance règne pour la chasse. La teinte rouge de la caverne et des rochers voisins ne tient pas aux victimes traînées par les fauves ; elle provient d'une algue terrestre, curieuse, à examiner à la loupe. Les savants lui ont donné un de ces noms bizarres, dont eux seuls ont le secret.

Par endroit c'est un chaos de roches éboulées. Des débris de pierres ont été jetés dans les interstices pour faciliter le passage. Plus loin, un rideau de chênes rouvres de soixante centimètres de haut sert de garde-fou du côté de l'abîme, mais sans masquer la vue des flots. Ici est la *Grotte dangereuse.* Attention ! cher lecteur, et faites-vous bien petit. Quelque jour ce gros rocher tombera, car il n'est plus retenu que par les racines d'un chêne. Que ce ne soit pas sur votre tête !

Le mode de formation des grottes est facile à comprendre. La falaise se compose de larges couches de grès reposant sur des bancs de sable ferrugineux. La couche de sable est peu à peu désagrégée par des causes diverses, le grès surplombe et la grotte est formée; mais là ne s'arrêtera pas le travail de destruction. Un jour les derniers appuis de la table de pierre seront emportés par le vent et les eaux;

elle glissera vers la mer rejoindre celles qui l'ont précédée.

Au milieu des blocs entassés, existait il y a peu d'années, une pierre en équilibre. Frappée par un caillou, elle rendait un son argentin et s'appelait *la Pierre qui sonne*. Elle s'est brisée en deux fragments et, roulée par la tempête, est devenue une pierre sans nom.

Le sentier des grottes aboutit à l'anse des Fontenelles, d'où un routin de chèvres remonte vers la falaise.

L'ancienne batterie du Tambourin ou de trente-six avec ses grottes et ses admirables rochers avait été transformée en lieu de plaisance par les notables de la ville. Ils y avaient planté des tamarix et autres arbustes capables de résister au vent de la mer. Des cases en bois pour les bains avaient été construites du côté de la plage des Souzeaux. Un jour de tempête a fait disparaître les cabines, et ce lieu de promenade et de réunion est devenue une propriété particulière.

Des savants vous diront pourquoi, dans l'anse des Souzeaux, le sable est coloré en noir et en rose ; ils vous montreront des pierres précieuses trop petites pour être utilisées par le lapidaire, des quartz colorés par du fer, des pyrites microscopiques, des grenats et même, s'il faut les croire, des zircons.

A la pointe du Cob ou du Souvenir, la falaise s'effrite et tombe morceau par morceau. Blocs de quartzite, menus cailloux, sable ochreux viennent augmenter le désordre de la grève. Là ont été rencontrés les premiers *Sabalites* et l'auteur de ce récit a fait ramasser aux membres de la Société géologique de France des empreintes de gros bambous.

Le Cob devient presqu'île à mer basse. Pêcheurs de moules, de palourdes ou de *chevrelles* s'y donnent rendez-vous, tandis que les heureux propriétaires ou fermiers des écluses voisines y prennent du poisson, et récoltent des huîtres.

Il a fait partie de l'île et ses blocs jetés les uns sur les autres n'ont pas d'autre origine que les blocs entassés de la falaise des Dames.

A mer haute, il sert de poste de pêche aux cormorans ; leur plaisir est parfois troublé par des chasseurs faisant du sommet de l'îlot un poste à feu. Ceux-ci se laissent entourer par la marée et attendent à l'affût, pendant de longues heures, les oiseaux de mer, qui ne sont pas toujours fidèles au rendez-vous. *Trahit sua quemque voluptas!* dirait le poète latin ; ce que nous traduirons librement par ces mots : Chacun prend son plaisir où il le trouve.

Le terrain moitié vaseux, moitié sablonneux, qui unit le Cob à la côte, est riche en pyrites et divers autres minerais de fer. A la base du Cob lui-même se voient en quantité considérable des clous, des débris de lames tranchantes, de barres de fer, tous plus ou moins corrodés et altérés par le contact de l'eau salée (') et parmi eux des morceaux de charbon de bois.

---

(1) Ne pas les confondre avec les débris du navire le *Wycliff*, qui ont été apportés depuis près du Cob.

Ces amas de ferraille ont été pris pour des délestages, ce qui ne permet pas d'expliquer les morceaux de charbon de bois mêlés aux débris et ceux que l'on rencontre dans l'anse des Souzeaux.

La présence simultanée de pyrites, de charbon et de fer travaillé indique qu'à une époque inconnue, un atelier métallurgique plus ou moins primitif existait sur cette pointe avancée.

Nous laisserons le lecteur errer seul dans la partie supérieure du bois. Qu'il ne craigne pas les fourrés ; il n'existe dans l'île aucun serpent dangereux. S'il est piqué, ce sera par les aiguillons d'une délicieuse petite rose faisant tapis sur le sable.

A basse mer, il peut varier sa promenade et suivre les sinuosités du rivage. Plusieurs grottes ne se voient bien que d'en bas. Les rochers grisâtres prennent des teintes étranges : rouge sang sous l'influence d'un sel de fer, tons dorés produits par un lichen, couleur d'encre causée par une verrucaire.

Une bonne canne est utile dans cette excursion, pour ne pas glisser sur les *fucus*, dont les ampoules aériennes éclatent à chaque instant sous les pieds.

Au point appelé *la Colonne,* des grès fins, portant de nombreuses initiales, ont un singulier aspect; on dirait une colonne brisée ou un tronc d'arbre renversé sur les galets.

Cependant les crabes (les *chancres*) effrayés s'enfuient vers les trous des rochers ; les patelles ou *bernicles* se fixent plus fortement sur la pierre ; les bigourneaux et les littorines rentrent leurs cornes dans leur coquille, dont ils ferment la porte ; les actinies ou anémones de mer replient leurs tentacules: c'est tout un peuple, le monde de la mer, qui a peur de vous.

On peut, au plaisir de la promenade, joindre celui de la pêche. Pour les bigourneaux, les moules et les crabes, une poche suffit, les patelles exigent un couteau ; les chevrettes, une *chevretière* ou le filet en balance appelé *tavenet*.

Le soir, quand la lune brille au ciel, le bois est encore plus charmant, les rayons de Phébée la blonde se réfléchissent sur les flots et se jouent dans les feuilles des chênes verts, produisant les plus singuliers effets. Les bruits de la terre ont cessé. Ils sont remplacés par le murmure des eaux, au milieu duquel on saisit par moment quelques mots de la conversation lointaine d'un pêcheur.

Faut-il raconter l'histoire du bois de la Chaise? car quel rocher, quelle motte de terre n'a pas la sienne ?

Là, où de jeunes femmes dessinent, travaillent ou causent en attendant l'heure du bain, où des enfants blancs et roses, mais que le soleil et la mer bruniront, s'amusent avec le sable et se mouillent les pieds dans la vague, qui semble jouer avec eux, Filbert est venu élever son âme de la beauté des choses créées vers le créateur et le souverain maître de toutes choses, et méditer sur le peu de confiance qu'on doit avoir dans l'amitié des hommes ; là aussi des princes carlovingiens, passés du faîte des grandeurs aux douleurs de l'exil, ont compris que gloire, honneurs, puissance, richesses, ne sont que vanité.

Ce bois délicieux a été témoin de faits douloureux et a retenti de bruits de guerre. Mais jetons un voile sur tout ce qui rappelle la guerre civile ; mieux vaut unir que diviser.

Rappelons toutefois qu'au début de l'attaque de l'île par Turreau et Villaret-Joyeuse, la frégate la *Nymphe* vint s'embosser devant les batteries du bois de la Chaise pour éteindre leurs feux. Elle reçut un boulet dans sa coque et coula sans pouvoir être remise à flots.

Ses débris se voyaient, naguère encore, aux grandes marées d'équinoxe.

Au mois de septembre 1795, toutes les batteries de cette partie de l'île furent bombardées par l'escadre du commodore Warren. Il faut lire dans Piet, témoin oculaire, cette émouvante page d'histoire (¹).

Nous ne pouvons nous empêcher de lui emprunter la réponse suivante du général Cambray à une lettre du commodore :

« MONSIEUR,

» Puisque vous me refusez de m'accorder les vingt-quatre heures de suspension d'armes que je vous ai demandées, vous pouvez m'attaquer quand vous

_____

(1) Piet, page 617. Ces jours de lutte entre deux grandes nations, que rapprochent tant d'intérêts, sont heureusement loin de nous.

voudrez ; nous périrons tous, ou nous serons victorieux. C'est le vœu général de mon armée et celui
des habitants, qui vous attendent, ainsi que moi,
avec le courage de Français libres.

Le Général de brigade :

« CAMBRAY. »

Les attaques et les tentatives de descente des
Anglais furent partout repoussées et leur flotte appa-
reilla pour l'île d'Yeu.

Le bois du Pélavé est un coteau formé de rochers
écroulés les uns sur les autres et disposés en amphithéâtre. Il est à 1 kil. de la ville ; on le laisse à droite
en allant au bois de la Chaise. Il manque du principal attrait de ce dernier, d'être baigné par la mer.
Mais ses blocs de quartzite sont encore plus beaux,
disposés ici en grotte, là formant un vaste cirque,
en général se présentant sous forme de larges tables
dans l'intervalle desquelles pousse une cladonie aux
fruits d'un rouge vif et une scille à fleurs bleues. Plus
encore que le bois de la Chaise, il rappelle à l'esprit
certains points de la forêt de Fontainebleau. Autrefois
la société noirmoutrine se donnait rendez-vous sous
ses yeuses toujours vertes, faisant douter de la
succession des saisons. « Quand, dit Richer, on se
trouve au Pélavé dans un beau jour d'hiver, l'illu-
sion est à son comble. La verdure de la terre est en
harmonie avec la pureté du ciel. Quelques groupes

de promeneurs se montrent çà et là, et l'on se croit transporté aux beaux jours de mai. »

Le bois coupé repousse de souches et des pins ont été semés. On pourrait y ménager des vues sur la ville et, dans la partie haute, sur la mer. Le joli point de Gaillardin en fait partie, quoiqu'en étant séparé par un chemin.

Lorsqu'on se rend directement de Noirmoutier au Tambourin, on longe à droite un parc entouré de murs et appelé les Sorbets. Il renferme une, ou plutôt deux maisons de maître, une ferme, de grands jardins et des bosquets de chênes verts et de lauriers. Un peu plus loin, à gauche dans l'allée des soupirs, est la propriété de Grand'Lande, dont les bois s'étendent jusqu'à la mer.

Les chalets loués aux baigneurs commencent au Pélavé et aux Sorbets, qui en font partie, et se continuent jusqu'à la limite des bois de l'État, dans l'espace compris entre la route du Tambourin et celle de l'anse des bains.

CHAPITRE VI

Excursions et Promenades.

Le voyageur, qui vient visiter Noirmoutier entre deux traversées du *Boylon,* n'a que trois heures à passer dans l'île.

S'il veut utiliser le mieux possible son temps, il doit se faire conduire rapidement en ville, voir l'église et sa crypte, jeter un coup d'œil sur le château et, de la place d'armes, se rendre compte de l'aspect général du pays. (Aller et retour en voiture, 20 minutes; séjour en ville, 20 minutes.)

Le reste de son temps sera consacré à explorer le bois de la Chaise, en commençant par la pointe du Tambourin et en finissant par l'anse des bains, afin de se trouver à portée des signaux du navire. Il fera bien, s'il n'est pas en retard, de monter au phare des Dames pour avoir la vue de i'île tout entière.

Quant au baigneur passant un mois dans l'île, il peut organiser ainsi ses excursions.

1re Excursion: L'entrée du port et le Sableau; retour par le fort St-Pierre et le bois de la Chaise.

2ᵉ La Claire, le Vieil, la Magdeleine et la Blanche.

3ᵉ L'Herbaudière; promenade au Pilier.

4ᵉ La pointe de Devin et l'Épine.

5ᵉ La Guérinière, Barbâtre et la Fosse.

On se procurera facilement et à bas prix, pour ces promenades, des coursiers aux longues oreilles, la plus agréable monture pour les femmes et les enfants; il sera bon de retenir un paysan comme guide et pour s'occuper des ânes pendant les arrêts. Les mulets sont rétifs; on doit leur préférer les chevaux.

L'île étant bien percée de routes, il est possible de visiter en voiture les points les plus intéressants, mais on ne peut alors suivre le rivage à cause des sables. Une voiture est indispensable pour la course de Barbâtre et de la Fosse.

Première excursion. — L'entrée du port et le Sableau.

Cette excursion est surtout intéressante pour le naturaliste, soit qu'il veuille se procurer des oiseaux curieux, soit qu'il tienne à remplir sa boîte de plantes rares.

En quittant la place d'armes, le promeneur prend la direction de l'est et suit le sommet d'une longue digue, la chaussée Jacobsen, ayant servi à dessécher une partie de Luzan et plusieurs fois depuis coupée par la mer. Elle s'étend en ligne droite jusqu'au fort

Larron (2 kil. 1/4). Le génie maritime l'élargit et essaie de la transformer en voie carrossable.

A droite est l'avant-port ou Luzan, où viennent déboucher les trois étiers à faible distance les uns des autres. Des vases assez hautes ne laissent qu'un étroit chenal que les bateaux suivent au moment de la pleine mer. Des marais salants et de grands réservoirs d'eau salée se voient à gauche; puis, derrière les Müllenbourgs, d'autres marais, les Ribandons dont le nom, d'après Comard de Puylorson, signifierait *rives abandonnées;* plus loin le Pélavé et des semis de pins.

Le fort Larron démantelé est transformé en magasin et, sur son escarpe, le botaniste recueille des plantes, qui lui font pousser des cris de joie. Déjà en sortant de la ville, il avait heurté du pied la momordique ou *melon sautereau,* dont les fruits à maturité, se détachent subitement de leur pédicule et projettent au loin leurs graines.

En face du fort, une jetée-estacade s'avance vers la rade de l'Atelier. A mer basse, l'entrée du port assèche, ainsi que les chenaux par lesquels on y arrive du dehors. Les pêcheurs s'y montrent en grand nombre, poursuivant les chevrettes avec leur filets, ramassant des palourdes et s'arrêtant à peine aux moules qu'ils rencontrent à chaque instant. Défense est faite d'aller sur les bancs, où l'État veille à la multiplication des huîtres.

Du haut de la jetée, le promeneur a en face de lui la Guérinière et la Tresson. Tournant à gauche, il entre dans une région de sables bas souvent envahis par la mer et portant, pour cette raison, le nom de la Coupe.

Du sable, toujours du sable, et bientôt des semis de pins. On longe une jolie propriété avec de grands pins piniers et un bois de chênes verts. C'est le Sableau ou les Sableaux. Du temps de Piet le père, elle était la résidence d'un naturaliste, M. Nau, qui a tenté d'acclimater un certain nombre de plantes et d'arbres exotiques. Le propriétaire actuel, M. Ertault de Boismellet, marche sur ses traces. Ses plantations d'arbres verts d'essences diverses et ses jeunes vignes donnent les plus belles espérances.

Nous passons près de la maison d'un garde-pêche. Le puits du jardin voit son eau monter et baisser avec la marée ; elle n'en est pas meilleure. (Sur la côte ouest de l'île au contraire, se trouve une source recouverte par la mer et donnant de l'eau douce quand celle-ci se retire.)

Des piquets plantés dans la vase indiquent un banc d'huîtres, le banc de Groix ; deux autres, situés à peu de distance de l'entrée du port, sont aussi en pleine prospérité, le banc de l'Atelier, à l'entrée même du hâvre, et celui de la Riberge en face des dessèchements de la Tresson. Grâce aux efforts de la Marine et à de sages règlements, ces bancs se repeuplent rapidement.

Après la maison du garde, sont de jeunes bois de pins, puis la pointe Saint-Pierre, la petite forteresse, des chênes verts de toute beauté et l'anse des bains.

Si vous avez pêché des moules dans votre promenade, ne les mangez après votre bain, qu'avec modé-
ration, sans quoi, quelques heures après vous
éprouverez un malaise indéfinissable, des étouffe-
ments et votre peau vous fera ressembler à un
scarlatineux.

La pointe de Saint-Pierre est le point le plus favorable
pour jouir du lever du soleil, comme l'anse de Luzéronde pour observer sa disparition au sein des flots.
La description que Richer donne du lever de l'astre
du jour est saisissante de vérité et écrite dans un style
imagé, qui rivalise avec celui de Bernardin de
Saint-Pierre.

« Dans un temps calme, avant le lever du soleil,
l'Océan présente une teinte sombre d'un vert foncé.
Le soleil se lève, les nuages s'écartent peu à peu et
ne forment plus que des îles d'ombre, qu'un souffle
léger promène sur une mer tranquille. Le soleil, enfin,
règne seul dans toute l'étendue du firmament; le vert
de la mer fait place au bleu céleste; tandis que les
endroits marqués par les courants et les remoux
semblent rouler, dans tous les sens, comme des fleuves
d'argent (¹) ».

Le réveil de l'astre pâle des nuits a été aussi chanté
par Richer; il transporte l'observateur sur la pointe
du Sableau au moment où la lune se lève sur le rivage
opposé « Les bornes de l'horizon, dit-il, sont fugitives
et incertaines; un brouillard léger enveloppe tous les

_____

(1) Ed. Richer. *Aspect pittoresque de l'île de Noirmoutier* p. 16.

objets; peu à peu il se dissipe, et la brise du soir fait rider la surface des eaux. Ici, la clarté vacillante de la lune erre sur les flots dont elle suit les ondulations Là, elle glisse sur les gazons et semble reposer sur les sables. Plus loin, l'œil devine plutôt qu'il ne découvre, la forme des navires qu'on croirait dispersés çà et là comme de sombres écueils (¹) ».

Qu'on nous pardonne ces longues citations. Faire connaître un auteur du pays, n'est-ce pas un moyen de montrer que l'île ne reste pas en dehors du mouvement intellectuel et littéraire ?

Deuxième excursion.
Le Vieil, la Magdeleine, la Blanche.

De Noirmoutier au Vieil par la route directe, 2 kil. ¹/₂ ; du Vieil à la Blanche par la côte, 2 kil. ¹/₂ ; de la Blanche en ville par la Messandrie, 3 kil. — L'excursion au Vieil par la Claire augmente le trajet d'environ 2 kil. — La route carrossable de la Blanche en ville est plus longue d'environ 1 kil. que celle de la Messandrie. — Des ânes sont nécessaires, à moins que l'on ne préfère se rendre directement au Vieil et à la Blanche en voiture.

Si le lecteur tient à connaître toute l'île, il fera bien, au lieu de prendre, au sortir de la rue de la Mare, la route directe du Vieil par Puits-Neuf, de tourner à droite par le village de la Frelette. Il traversera une sorte de carrefour, mal aplani, qui, le dimanche soir, sert de lieu de réunion et où l'on

(1) Ed. Richer. *loc. cit.* p. 18.

accourt de l'Épine et des villages pour danser *au son de la voix*.

Quelques pas plus loin, des ormeaux entourent la propriété de la Touche, près de laquelle est un puits, le meilleur de l'île, mais dont la source est peu abondante. Richer nous représente les jeunes filles venant en troupe à la fontaine retrouver leurs connaissances et employer quelques instants à une conversation qui les délasse des travaux de la journée. « Ces réunions près du puits rappellent, ajoute-t-il, les filles de la Mésopotamie et les mœurs patriarcales, mais les siècles ont tout détruit... » Que dirait-il à cette heure s'il voyait circuler des tonneaux verts ou rouges distribuant en ville et aux châlets l'eau de la Touche ou l'eau *inépuisable* d'Aquenette ? C'est la civilisation qui marche. « Les mœurs n'ont pas conservé ici plus qu'ailleurs la simplicité des temps antiques. »

A la Touche, succède la Lande-Saint-Joseph, avec son joli bois et son vaste horizon sur les Roussières et la Blanche, tandis qu'à gauche sont des champs cultivés par des Anglais, d'une façon savante et donnant chaque année deux récoltes de pommes de terre.

On arrive à la côte en passant près de la propriété de M. de la Grandière et par une dune plantée de peupliers et semée de pins. On ne voit la mer qu'en y touchant. Elle semble dormir sur un sable fin dans la belle anse de la Claire. Aux jours de tempête, cette eau si pure, si limpide, se trouble, devient

boueuse et se soulève en lames effroyables. Les rive-
rains croient entendre, au milieu des rafales du
vent, des voix de trépassés implorant du secours.

Mais ne demandons pas ses secrets, au sable de la
dune.

En juin 1674, les Hollandais opérèrent une descente à la Claire. Leur flotte, commandée par l'amiral
Tromp, se composait de quarante gros bâtiments de
guerre et soixante autres plus petits (¹).

Le gouverneur ne montra ni capacité, ni vaillance.
Un paysan, dans sa fuite vers Fromentine, lui
envoya un coup de feu et blessa son cheval.

La population voulut résister malgré des forces
aussi considérables. Il lui fallait un chef, et elle
recourut au prieur de la Blanche. Moines et paysans
combattirent avec un stoïque courage ; mais que
pouvait leur résistance contre des troupes bien
armées, nombreuses et commandées par le comte de
Horn? ils furent écrasés. Les Hollandais parcouru-
rent l'île du Nord au Sud, et se livrèrent à des
exactions de toutes sortes. Le château reçut une
garnison de mille hommes ; cinq cents cavaliers
furent postés à la Fosse pour éviter toute surprise
du côté du continent.

En se retirant au bout de 21 jours, ils firent sauter
une partie du château, coupèrent le bois de la Chaise
et emmenèrent en ôtage plusieurs notables (²), ainsi

(1) Piet, p. 517.
(2) *Bourriaud de l'Anglée, Charles Friou du Marais-Vieux, André Joubert* et *Nicolas Moréau.*

que le Frère Bernard Fouillon, prieur de l'abbaye de la Blanche. Le vieux registre donne le nom d'un Vénereau pendu pour s'être montré trop bon Français.

L'anse de la Claire est bornée au S.-E. par la pointe du Souvenir et le Cob, au N.-O. par le Vieil.

Les dunes présentent des batteries de côte et des guérites en ruines.

L'excursionniste, en approchant du Vieil, longe des champs plantés d'asperges. Cette culture maraîchère et celle des pommes de terre primes ont ramené l'aisance dans cette partie de l'île, où la population s'était concentrée à l'époque gallo-romaine.

Vieil veut-il dire la vieille ville, ou vient-il du mot *villa? Grammatici certant.* Quoi qu'il en soit, des notables de la ville y possèdent des rendez-vous de pêche et les villageois logent pendant l'été un certain nombre de baigneurs fuyant les plages fréquentées du bois de la Chaise. Les paysans distinguent le grand et le petit Vieil, mais les maisons se touchent et les deux hameaux sont confondus.

En avant du Vieil, est une ceinture de rochers plats, sorte de prolongement de l'île réduite à son squelette pierreux. Ils laissent entre eux des margelles à fond formé par un sable fin, où l'eau dormante est chauffée par le soleil. Des murs, sans ciment, de 1 m. à 1 m. 20 de hauteur circonscrivent des espaces appelés écluses, destinés à prendre du poisson. On entend de tout côté, à mer basse, les crabes courir entre les pierres.

On pêche au Vieil la crevette ou chevrette et plusieurs espèces de crustacés. La palourde ou vénus décussée, pour parler le langage des savants, n'est pas rare dans les endroits où le fond, moitié sable moitié vase, est mêlé de pierres.

Le Vieil est aussi une localité intéressante pour le botaniste; il peut y récolter des algues ravissantes, connues sous les noms de *Delesseria*, d'*Halymenia*, de *Dasya*, de *Gelidium*, etc. On les prépare sur des feuilles de papier à dessin et l'on en fait de délicieux albums.

En suivant toujours la côte, on rencontre le village de la Magdeleine. Les Bernardins y avaient construit une chapelle sous le vocable de Marie de Béthanie. Il n'en reste plus de traces, mais un endroit du village en porte encore le nom. Là pousse dans le sable un figuier, dont chaque branche ayant pris racine est devenue un arbre nouveau; il forme comme un bosquet et rappelle en petit les figuiers multipliants de l'Inde.

En face de la Magdeleine et du Vieil, est la côte de Préfailles et Kérouars, où se trouve une source ferrugineuse renommée.

A l'entrée actuelle de la Blanche, un écriteau indique que les ânes et les voitures ne doivent pas aller plus loin. Un bois de 15 hectares de superficie, situé en dehors du parc, longe la plage sur une longueur de 2 kilomètres. Composé d'yeuses et de pins, il abrite la crique appelée la *Conche des Normands*, parce qu'elle servait de lieu de débarquement à ces pirates.

Sous les arbres poussent des alaternes, des cystes
à grandes fleurs blanches et l'amaryllis jaune. Cette
dernière plante a dû être naturalisée par les moines,
ainsi que les iris germaniques à fleurs bleues et le
bel iris blanc de Florence que l'on trouve sur les
murs en pierres sèches du chemin de la Linière.
Dom Carville, un des moines de l'abbaye, était un
botaniste distingué, en relation avec Bonamy et
correspondant de Buffon.

Construite en 1203 par Pierre II de la Garnache
pour y recevoir les Bernardins de l'ilot du Pilier,
Notre-Dame de la Blanche fut rebâtie au XVIIe siècle,
sous l'abbé Denis Largentier, qui en réforma la
règle. Les moines, au moment de la Révolution,
acceptèrent, momentanément du moins, la Consti-
tution civile du clergé. L'abbaye fut vendue et devint plus tard le siège d'une fabrique de savons
dirigée par d'Orbigny, père.

Ed. Richer y vécut en ermite et y composa une
partie de ses ouvrages philosophiques.

Elle est la propriété de M. Janneau et se compose
de deux bâtiments en équerre. La seconde aile,
formée par la chapelle, a été détruite pendant la
Révolution ; il n'en reste qu'une porte à sculptures
anciennement dorées et un écusson chargé d'une
tortue surmontée d'une croix et d'une épée en sau-
toir.

Le corps principal du bâtiment date de 1700; la
partie qui regarde la mer est beaucoup plus ancienne,
mais a été restaurée à cette époque.

Dans le jardin, les moines s'étaient ménagé deux viviers, l'un d'eau douce, l'autre d'eau salée.

L'intérieur de la maison n'offre pas d'intérêt archéologique.

On arrivait à l'abbaye par une belle avenue d'ormeaux qui existe encore. Elle aboutit à un portail dont le cintre est une coquille striée, surmontée d'un fronton triangulaire et de deux lions de granit de forme assez archaïque.

Ce portail donne entrée dans la cour de la maison abbatiale.

On voit, de la plage, la pointe de Saint-Gildas et l'entrée de la Loire.

Au-delà du bois, une côte sablonneuse, dans laquelle des rafales ont enseveli des maisons, conduit à l'Herbaudière, en passant par la Linière.

> « ... Cette maison placée
> Au pied des dunes, près des flots, »

appartenait, il y a quelques années, à un poète, un naturaliste et, qui mieux vaut, un ami des pauvres, Lubin Impost, écrivant sous le pseudonyme de *Lidner* (¹).

Elle faisait ses délices et lui rappelait son père et Richer son meilleur ami. Il lui a consacré une de ses odes :

> — Salut heureux séjour, toit qu'habita mon père,
> Pauvre petite ferme à mon âme si chère,
> Malgré ton sol aride et tes sables brûlants,

(1) *Lidner*, L. I. D. Ner. Lubin Impost de Nermoutier.

Salut ! ce qu'il chérit, je le chéris moi-même,
Et toujours à te voir retrouve un charme extrême,
   Semblable à celui des amants.

En dépit de mes soins, ta stérile nature,
Comme des courtisans à l'âme sèche et dure,
Sans en être touchée accepte mes bienfaits ;
Mais il suffit, je t'aime, et ton ingratitude
Est un attrait de plus pour ma sollicitude ;
   On jouit des ingrats que l'on fait.
. . . .

J'aime ces horizons à la lointaine vue
Et laisser mes regards courir dans l'étendue,
Tel qu'un courtier, qui suit ses caprices divers;
J'aime voir ces vaisseaux, points obscurs dans l'espace,
Des flots impétueux sillonnant la surface,
   Voler au bout de l'univers.

Tout serait à citer, d'autant plus que l'auteur y parle de Richer

. . . . épanchant sa belle âme
Et lui peignant des cieux avec des traits de flamme
   L'amour qui s'épanche sur nous.

Mais il faut savoir se borner.

Les promeneurs reprenant leurs ânes où ils les avaient laissés, passent le long du mur du parc aux lierres séculaires et rejoignent la ville par la Messandrie, la Bernetrie et Puits-Neuf. Près de la Messandrie, est le *Chiron de Saint-Hilaire*(¹), recouvrant les restes de la plus ancienne église de l'île, bâtie par Ansoald, évêque de Poitiers, et ami de saint Filbert.

(¹) *Chiron,* monticule où l'on jette les pierres trouvées dans un champ.

Troisième excursion. — L'Herbaudière et le Pilier.

De Noirmoutier à l'église de l'Herbaudière, 4 kil.; au port, 4 kil. 1/2. La promenade peut se faire en voiture (5 fr.), à âne ou à pieds.

De l'Herbaudière au Pilier, 3 kil. 1/2; bâteau pour 4 personnes 6 fr., chaque personne en plus 0 fr. 50. (Traversée 1/2 h. à 1 h. 1/2) (1).

La route du Gois devient, dans la ville, la basse Grande-Rue et prenant la direction O.-N.-O, conduit à l'Herbaudière. Elle laisse à gauche des marais salants, à droite des champs cultivés, passe auprès de la Grosse-Roche, ou Roche pattes du Diable, qui se voit dans un fossé, près du moulin de la Houssinière, et rencontre un demi kilomètre plus loin de l'autre côté de la route une curieuse croix, moitié en pierre, moitié en maçonnerie, et fort ancienne.

Le village de Luzai, qu'elle traverse ensuite, est sur fond de granit et un des points élevés de l'intérieur. Il sert de limite entre les deux paroisses de Noirmoutier et de l'Herbaudière. L'Herbaudière ne compte que 567 habitants. Son église n'est pas bâtie dans le village, où se trouve le port, mais au centre de la paroisse et près d'elle sont la cure et la maison

(1) On peut s'adresser à l'Herbaudière pour cette promenade, à MM. Charles Beilvert, Alphonse Pénisson, Jean Damour, Louis Raimondeau, Joseph Izacard, Joseph Damour, Joseph Métier père et fils, Pitre Boucheron, Alphonse Burgaud, Pierre Charrier, François et Louis Renaud et autres patrons de barques.

d'école, éloignées des autres habitations. A une cen-
taine de mètres, sur la route qui mène au village,
se voit l'usine de conserves de M. Herbelin.

De la dune, où se trouve l'église, la vue s'étend
sur l'anse de Luzéronde, les Bœufs fertiles en naufrages et, au loin, sur la mer, que sillonnent des
navires de toutes nations.

Le 26 novembre 1883, une épave sans nom,
chargée de pins rouges d'Amérique, est venue
s'échouer la quille en l'air sur cette grève.

L'inscription gravée en creux sur le maître-bau fit
reconnaître un navire anglais et le numéro officiel
comparé à ceux du Lloyd, le *Colonist.*

Abordé dans le canal de la Floride, en septembre
1883, le *Colonist* s'est maintenu sur l'eau, grâce à
a cargaison, et le courant du golfe l'a, trois mois
après, jeté sur nos côtes.

A l'extrémité nord de l'anse de Luzéronde sont les
rochers du Lutin. Une croyance populaire veut
qu'ils recouvrent un trésor gardé par un follet.
L'anse du Lutin leur fait suite, puis les rochers de
la pointe Girard, dite aussi pointe du Corbeau, et
située en face de la pointe de Devin, où l'on consul-
tait autrefois les aruspices. Vient ensuite l'anse
de la Corbière (de *corvus* corbeau) dont le nom
rappelle encore les moyens par lesquels les anciens
cherchaient à deviner l'avenir. Son sable fin est
favorable à la pêche de la chevrette.

A partir du Lutin, on aperçoit le Pilier avec sa
petite forteresse et ses deux tours.

L'été de 1879, vit se réunir sur ce rivage une nombreuse assistance, suivant avec un intérêt toujours croissant les efforts faits par un navire de l'État l'*Euménide*, cap. de Kerprigent, et deux autres vapeurs pour remettre à flot le *Wycliff*, grand navire américain, perdu sur les Bœufs.

Au moment où tous ces efforts paraissaient infructueux, l'immense épave s'ébranla au milieu des hourras et les trois remorqueurs la conduisirent dans la rade du bois de la Chaise. C'était, hélas, pour y échouer de nouveau et il fallut pendant de longs mois en faire sauter les débris à l'aide de la dynamite. Un morceau de chaudière se voit dans l'anse des bains et d'autres restes ont été transportés près du Cob.

En continuant à suivre la côte si riche en coquilles rejetées par la mer, le promeneur atteint la pointe de l'Herbaudière. Un dolmen renversé gît au bas du fort. Il est en grès du bois de la Chaise, ce qui le distingue des pierres voisines.

Une fois la pointe passée, des rochers plats bordent le rivage et l'on aperçoit la longue jetée, qui protège à l'ouest le port de l'Herbaudière.

Les travaux exécutés récemment donnent à ce port une importance qui ne peut que croître. Les pilotes rencontrent un abri et peuvent partir de là pour aller prendre les navires venant du sud et les caboteurs y trouvent une posée offrant à marée haute 1 mètre d'eau de plus qu'à Noirmoutier, c'est-à-dire trois mètres à toutes les hautes mers de morte eau.

La jetée construite par les Ponts et Chaussées contre les flots du large est en maçonnerie et de 465 mètres à partir de la cale de la maison-abri. Elle n'empêche malheureusement pas tout ressac et dans les tempêtes des paquets de mer passent pardessus. Les vents étant portants, les bateaux peuvent alors aller mouiller sous l'abri du Bois de la Chaise.

Un bateau de sauvetage, le *Massilia*, est installé dans la maison-abri située à l'union du brise-lames et du quai. Il a pour patron le pilote M. Joseph Métier, père. Nous ne décrirons pas le *Massilia* et ses engins de sauvetage ; ces descriptions se trouvent partout. L'étranger peut visiter le bateau, mais qu'il n'oublie pas quand il se trouvera en présence de M. Métier, qu'il a devant lui un homme auquel neuf naufragés doivent la vie et dans des circonstances terribles. On trouvera à la fin du Guide un rapport sur ce sauvetage. Ce que le rapport ne dit pas, et qu'il ne pouvait pas dire, c'est l'état d'affollement de la population restée sur le rivage, les cris des femmes voyant leurs maris essayer trois fois de sortir et trois fois rejetés par la mer et les efforts faits par le représentant de la Société de sauvetage pour calmer ces femmes, et ses offres de partir avec leurs maris, qu'elles lui reprochaient d'exposer à une mort certaine.

Ce qu'il ne dit pas non plus, c'est que les sauveteurs, après avoir déposé sur la jetée leurs naufragés presque sans vie, restèrent mouillés aux os, rompus de fatigue et sans manger jusqu'à 6 h. 1/2 du soir dans leur canot qu'ils ne voulaient pas abandonner et qu'ils ne pouvaient ramener à terre.

Du côté de l'est, le port de l'Herbaudière est fermé par les rochers du Couronneau, près de l'embouchure du courseau des bœufs ; les maisons du village sont bâties en face du port assez irrégulièrement.

Puisque le mot de *courseau* se présente ici pour la première fois, voici ce qu'il signifie. Il n'y a pas un seul ruisseau dans l'île. D'où naîtrait-il quand la partie centrale est creusée en cuvette? Mais là où les eaux douces retenues par des dunes forment des marécages, il a fallu établir des canaux pour leur permettre de rejoindre la mer ; ce sont eux qui portent le nom de courseaux. Ils sont maçonnés pour résister à l'ensablement, et continués sous les dunes par des coëfs prismatiques formés de forts madriers et munis de portes, pour régler la sortie de l'eau.

La pêche est un des grands attraits de l'Herbaudière. Les homards se prennent avec des *nasses*, au fond desquelles est un appât. M. Gautier, garde du Pilier en 1837, fit connaître le premier cet engin apporté des Sables. Depuis quelques années les marins de l'Herbaudière se livrent aussi à la pêche de la sardine, et vont chercher le thon jusque sur les côtes d'Espagne.

La pêche à la ligne se fait le long du brise-lames. Les mouilles et les anguilles y sont attirés par les détritus de sardines jetés dans le port.

Mais ce qui amène surtout l'étranger à l'Herbaudière c'est le désir d'aller au Pilier. Il fera bien, pour cela, de s'entendre dès la veille sur l'heure et les conditions de départ avec le patron dont il aura fait choix, et d'être au rendez-vous une heure à l'avance, muni de provisions de toutes sortes (pain, vin, viande, etc.), car *on ne trouve rien* au Pilier, sauf de l'eau douce fournie par la citerne du phare. Il se conformera de la façon la plus absolue aux ordres du patron, pour les heures de départ et de retour. Des questions de marées, de courants, de vent peuvent faire varier d'une manière considérable le temps de la traversée.

En mer donc, et *à Dieu vat!* En trois quarts d'heure, souvent moins, quelquefois plus, vous aborderez près de la jetée, ou descendrez sans trop de difficulté sur des rochers (¹).

Si l'eau est limpide, vous jouirez de splendides paysages sous-marins, dont aucun aquarium ne peut donner l'idée. Des poissons, des homards jouent dans des forêts de grandes algues de formes et de couleurs variées. La tour des Pères sur les rochers du même nom apparaît au loin dans la direction de la Blanche, celle des Sécés est laissée dans le nord-est.

En approchant du Pilier, terre granitique, élevée et orientée N.-N.-O., S.-S.-O., on peut facilement juger de son ensemble. La partie nord-est, vers laquelle on atterrit, est formée de roches entassées, colorées de noir et de jaune vitellin par des lichens; au sud-est

(1) Le retour est en général un peu long à cause du courant de la Grise.

la petite plage de la Sablière est émaillée de délicieux galets de toutes couleurs. L'îlot mesure 600 mètres de long sur 150 dans sa plus grande largeur, avec 1 kilomètre de périmètre. Son extrémité nord regarde l'entrée de la Loire, et l'on a devant soi, d'un côté Préfailles et la pointe de Saint-Gildas, de l'autre Saint-Nazaire, la pointe de Chémoulin et les dunes d'Escoublac.

Deux tours espacées de 14 mètres, la plus élevée munie d'une lanterne, l'autre l'ancien phare, se voient dans la partie nord. A 200 mètres au sud est un fortin bâti pour protéger l'entrée de la rivière contre les corsaires anglais. Par lettres patentes des 26 août 1710 et 31 janvier 1713, Louis XIV ordonna de construire une batterie, des retranchements, un corps de garde pour les officiers et soldats destinés à la garde de l'île, et une citerne, dont les frais d'exécution montèrent à environ 24,844 livres.

Autour du phare est un jardin, où il est difficile d'obtenir quelque culture, en hiver surtout, à cause des embruns. Des essais d'arbres fruitiers dans des barriques défoncées ont été faits sans succès. Dans le sud, rien que la roche nue.

La pointe nord porte le nom de pointe de la Chapelle, non en souvenir de l'ancienne abbaye de l'île de Dieu (*insula Dei*), dont il ne reste pas de traces, mais parcequ'il y a une soixantaine d'années un garde-fort, nommé Semelin, y avait établi un petit oratoire, où il aimait à venir prier. L'extrémité sud emprunte son nom à la Sablière dont il a été parlé.

En dehors du phare et de la forteresse, on ne voit sur le Pilier qu'une croix. Celle-ci composée de pierres brutes a été érigée, il y a peu d'années, par des ouvriers travaillant au phare et que l'on ne pouvait ravitailler à cause du mauvais temps. Elle a été abattue depuis, mais les mêmes circonstances s'étant renouvelées et d'une façon plus grave, les ouvriers travaillant au phare l'ont remise en place.

Au nord de l'îlot, sont les Chevaux découvrant à mer basse et formant un plateau d'une même étendue; on peut s'y baigner et y pêcher.

Des moines cherchant la solitude ne pouvaient choisir un lieu plus désert, car leurs méditations n'y étaient troublées que par le bruit de la mer et le sifflement des oiseaux de tempête. Ils avaient succédé à des druidesses. Jusque vers l'an 1000 un isthme de rochers et une jetée unissaient le Pilier à Noirmoutier. La disparition de cette chaussée fut ce qui engagea Pierre de la Garnache à transporter la communauté de l'île de Dieu à la Blanche.

Depuis le Pilier n'a pour histoire que des faits de guerre maritimes, des naufrages, et des détails, sur la construction du fortin notés dans l'intéressante correspondance de Gérard Mellier, conservée aux archives de la ville de Nantes.

L'ancien phare fut établi en 1829 pour indiquer l'entrée de la Loire et signaler les récifs voisins. Jugé insuffisant, il a été remplacé, en 1876, par une seconde tour de 34 mètres, à feu de premier ordre blanc et rouge, de 24 milles de portée, offrant des éclats de 4 en 4 minutes et projetant un faisceau rouge au sud dans la direction des Bœufs, et un au nord-est vers la Couronnée (¹).

La forteresse n'a plus de soldats en temps de paix. Les deux gardiens du phare sont donc ses seuls habitants. Ils occupent leurs loisirs à pêcher, à faire la chasse aux oiseaux de passage, et à préparer des algues pour collection. Tout cela est bon quand il fait beau, mais l'hiver, quand la grande houle du large rebondit et passe sur l'île toute entière et que la tour oscille au souffle du vent, les gardiens doivent rester renfermés chez eux et rationner leurs vivres, car ils peuvent être quinze jours sans être ravitaillés. Parfois, au plus fort de la tempête, des cris de détresse les font sortir au milieu de la nuit et courir, avec un fanal, sur les rochers, heureux quand ils peuvent sauver la vie à de malheureux naufragés (²).

(1) Il y a une quinzaine d'années, un patron de barque de la Guérinière, M. Chantereau ayant sauvé trois naufragés du *Queen of the South*, grand navire anglais perdu sur la Couronnée, fut décoré pour ce fait.

(2) M. Gautier, garde-phare de 1837 à 1879, a eu l'occasion de faire deux sauvetages, celui de l'équipage du brick le *Jeune-Paul*, capitaine Tassin, et celui des hommes d'une barque de l'île d'Yeu, commandée par le capitaine Dupont.

Quatrième excursion — La pointe de Devin et l'Épine.

Des ânes, ou une voiture, sont nécessaires, pour cette excursion, de trois à quatre lieues. Les premiers permetteront de faire des pointes dans les dunes et d'y jouir de beaux points de vue sur la mer et sur Noirmoutier.

La cavalcade s'engage dans la basse rue et va rejoindre la Grande Charraud, ancienne route principale de Noirmoutier et suivie à l'époque révolutionnaire par les armées envahissantes. C'est au Grand-Pont, jeté sur l'étier du port, que les parlementaires royalistes vinrent à la rencontre d'Haxo victorieux.

Un peu plus loin, à 100 mètres de la route, sont les Champs-poiroux entourés de murs. Ils présentent des débris d'ardoises, des ossements, et le sol, quand il est frappé, rend un son creux, comme s'il renfermait des caves. Les chasseurs disent y voir errer, la nuit, des *chandelles,* ou des *feux follets*, preuve pour eux de l'existence d'un souterrain renfermant un trésor. Malheur à qui touche à ce que gardent les esprits, il mourra dans l'année! Des fouilles mériteraient cependant d'être faites en ce lieu.

Nous avons dit que Dubois de la Guignardière s'y fit tuer après une lutte héroïque, lors de la seconde prise de l'île par les Républicains. Il avait refusé la capitulation acceptée par Alexandre Pineau et les autres chefs vendéens. Caché derrière ces murs il attendait une occasion favorable pour gagner la côte et le continent. Vendu par un individu dont il avait sauvé la vie, il lutta tout le jour contre des forces supérieures, arrosant de son sang et de celui de ses braves, ce lieu témoin de leur dernier combat.

On a écrit que, resté seul et grièvement blessé, il s'était brûlé la cervelle pour ne pas tomber vivant entre les mains de ses ennemis. De la Roberie, témoin oculaire, nie le suicide et dit que Dubois mourut de blessures reçues en combattant.

Quant à de la Roberie et aux rares survivants, ils se jetèrent dans l'étier et profitèrent de la nuit, qui vient vite en janvier, pour se refugier à l'Épine et quelques jours après à Beauvoir.

De la Charraud on a sous les yeux la vaste plaine de Noirmoutier avec ses champs et ses marais disposés en damier. La vue est bornée au sud par des dunes, au bas desquelles se montrent l'Épine et le Pré-Pelé, la Bosse, Bressuire ; puis par les digues qui protègent ce côté de l'île.

Les *cagnots* (¹) se suivent en file indienne. Ils font traverser à leurs cavaliers l'étier de l'Arceau sur le pont de la Corbe (de *corvus*, corbeau), mot significatif pour un lieu, qui se voit de la pointe de Devin.

Après bien des détours, les promeneurs atteignent le village de la Bosse, non loin de la dune St-Jean.

Des ormeaux, des tamarix, des figuiers et des muriers croissent à l'abri du vent, autour de maisons

---

(1) Nom donné aux ânes, et venant de *cagne* paresse.

remarquables par leur propreté. Deux moulins domi-
nent le village, et des hauteurs qu'ils couronnent,
comme de la dune Saint-Jean, on voit, si le temps le
permet, l'île d'Yeu, avec son grand phare et le clocher
de Saint-Sauveur.

Bressuire, qui vient ensuite, est renommé par ses
ânes. Il a donné aussi naissance à un poëte populaire,
Nicolas Vénereau.

Sans instruction, mais bon observateur, il a chanté
tout ce qui se passait sous ses yeux dans des vers, où
le bon sens remplace la rime parfois un peu risquée.

Ses compositions se chantent encore aux noces et
aux danses des villages.

Pour lui Bressuire est un pays sans pareil, c'est
un *chantier parfait*. Tout s'y trouve réuni, depuis
les instituteurs de la jeunesse jusqu'aux médecins.
Qu'importe que ceux-ci soient de simples empiriques
ou des toucheurs d'écrouelles? Bressuire a un grand
avenir, il grandira, réussira (*Bressuire ressuira*).

Beysser lors de sa conquête de l'île fit arrêter les
jeunes gens de l'Épine, comme suspects de royalisme,
Vénereau ne manque pas de le rappeler.

> Beysser, l'air tout en colère,
> Nous fit conduire au fort Saint-Pierre.

Un mariage a lieu entre deux vieilles familles ;
Vénereau en raconte les moindres détails. Il parle
des joyeuses *fusillardes*, des *navires couverts de
pavillans;* puis il a un mot pour tous les invités.
C'est une page d'histoire locale d'autant plus intéres-

sante qu'ici comme ailleurs les vieilles familles s'en vont, pour faire place à d'autres s'élevant à leur tour par leur travail.

Il souhaite aux mariés le bonheur tel qu'il le comprend en ce monde, puis il revient sur lui-même. Les muses sont partout mauvaises nourrices et le chemin du Pinde n'est pas celui du Pactole. Ces mots ne se trouvent pas dans ses poésies ; qui les lui aurait fait connaître ? Il dit n'être pas instruit, ne savoir pas lire et composer ses chansons *sans plume ni papier, tout de même*. Mieux lui vaudrait de bonnes terres à cultiver.

Si je pouvais faire de froment,
Seulement un boisseau par semaine,
Je serais encore plus content,
Que de m'occuper de *chansans*.

Ailleurs il nous parle du laboureur et du compagnon de ses travaux et, après quelques pointes malignes sur les autres professions et en particulier sur les *faiseurs de procès*, il ajoute à chaque couplet comme refrain :

Avec son âne et sa corde et ses *croux* (1)
Le laboureur fait vivre tout.

Que les vers de Vénereau nous mènent loin des travaux d'endiguement de la pointe de Devin, principal but de notre excursion ! Et cependant tout en philosophant et en causant poésie, nous y voici rendus. Nous atteignons la grève au niveau des rochers submersibles du Morin.

(1) Dans l'île, on donne au bât le nom de *crou* ou d'*écrou*.

La mer est basse; les Peignes ou Pennes, les Bacheliers, la pointe du Courlion sont à découvert et le Bavard apparaît avec sa tour.

C'est le bon moment pour bien voir l'ensemble des travaux.

Dans ce point, la côte est plate; aucune falaise, aucune dune ne la défend contre la mer; il a fallu que l'homme fît tout, et sans cette barrière artificielle, une partie de l'île disparaîtrait sous les flots.

En côtoyant le bas de la chaussée, on se rend bien compte de la première digue d'un kilomètre de longueur, du plan incliné à pierres fortement cimentées, des dix épis se prolongeant au loin dans la mer pour retenir le sable sur leurs angles, des pilotis et des palplanches enfoncés profondément à la base de la digue pour la retenir, etc.

Au-dessus de la digue, il en est une autre, dite de retraite, construite en terre glaise et plantée de tamarix.

Que n'avons-nous pour guide M. Boursin, qui a fait exécuter ces travaux de 1846 à 1857 (¹)? ou M. Lafontaine, son successeur, chargé de leur entretien? Ils nous les expliqueraient en détail et nous raconteraient leurs luttes contre la mer.

Laissons monter le flot. Du haut de la digue, nous le verrons, par une forte marée, arriver presque jusqu'à nos pieds, tandis que de l'autre côté le niveau des terres cultivées est de beaucoup inférieur.

Que le vent souffle en tempête, avec une grande

(1) Ils ont coûté 555,000 fr.

mer, tout cet immense travail semble ébranlé jusque dans ses fondements. L'extrémité des vagues saute par dessus et les embruns volent au loin sous forme de flocons d'écume.

Il faut lire dans Piet les pages effrayantes dans lesquelles un autre enfant du pays, M. Plantier, inspecteur général des Ponts et Chaussées, raconte les émotions de ces nuits terribles, où la population tout entière se porte sur les points menacés. « Partout où les flots blanchissent le sommet des digues, hommes, femmes, enfants, élèvent contre eux de nouvelles barrières. Partout où les dégradations se manifestent, mille bras sont là pour les réparer. Cette lutte inégale et périlleuse, où ces cultivateurs courageux, en butte à toute la violence de la tempête, peuvent être dans un instant culbutés, entraînés, abîmés sous les ondes, dure plusieurs heures et ne se termine que lorsque la mer se retire et laisse à découvert le dommage qu'elle a fait. » (¹)

A l'autre extrémité de la pointe de Devin, se trouvent des dunes, puis l'anse de Luzéronde, que nous connaissons déjà. A quatre ou cinq cents mètres en mer et sur le seuil de l'extrémité sud-ouest de Luzéronde, existent au point appelé l'*Hommée*, des ruines importantes que l'on ne voit que dans les grandes marées de l'hiver.

Le trajet de la pointe de Devin à l'Épine peut se faire par des dunes, où l'on rencontre des vignes

(1) Piet, p. 17.

abandonnées, des semis de pins et quelques essais de plantation d'asperges.

L'asperge sauvage ou *bergountole* y est commune; elle diffère de l'espèce cultivée par ses tiges couchées et moins grosses; elle est d'un goût parfait.

On peut, chemin faisant, étudier la fabrication de la soude, dans des nombreux fours creusés dans le sable, et voir faire la cendre de varech.

Ça et là sèchent au soleil des tas de fucus ou *Chondrus crispus,* dont le principe mucilagineux est employé dans l'industrie. Ce varech, violet à l'état frais, blanchit par la dessication et porte le nom de *goëmon blanc.*

L'Épine est une paroisse de 1401 h. Sa situation au bas des dunes, l'abritant des vents de sud-ouest, favorise la végétation des arbres de haute tige et en particulier des ormeaux.

Urbain Gomard de Puylorson, chanoine de Guérande et un des historiens de Noirmoutier, affectionnait ce village. Il l'avait doté d'une chapelle détruite en 1793 et remplacée depuis par l'église actuelle, qu'orne un clocher de pierres blanches. Les maisons sont groupées autour d'une vieille maison bourgeoise, appelée Monplaisir.

Au sud du village, sont des dunes élevées, le moulin de la Martinière et le village des Éloux. La dune du Pé-de-Herce, sur laquelle nous reviendrons, sépare l'Épine de la Guérinière.

Les hommes sont tous cultivateurs et sauniers. Quand le sel se fait en grande quantité et se vend cher, ils sont dans l'aisance; dans le cas contraire, ils se trouvent dans une grande gêne.

N'est-ce pas le moment de parler des marais salants et de l'extraction du sel?

Les dernières divisions des étiers ou *branches* s'ouvrent dans des réservoirs appelés *vivres*, où l'eau continue à s'évaporer. Des *coëfs,* ou portes, permettent d'en faire entrer dans le marais et même dans chaque compartiment du marais la quantité que le saunier veut y faire pénétrer. Les divers compartiments, ou *aires*, sont séparés par des *mairées*, petites levées de terre glaise. Des aires, les unes sont simplement destinées à recevoir l'eau pour la concentrer davantage et la transmettre aux œillets; ce sont les *pièces amettantes*. Dans les autres, *aires salantes,* l'eau arrive à son maximum de concentration et laisse déposer le sel sous forme de cristaux. Elles portent à Noirmoutier le nom d'*œillets*. Entre les œillets est ménagée une levée circulaire en terre glaise, appelée *tablette,* où l'on attire le sel, à l'aide d'une sorte de rateau ou *simauge*. Il y est pris dans des paniers et est porté sur la tête en dehors du marais, à l'endroit désigné sous le nom de *tesselter*. Frais tiré, il a une forte odeur de violette. L'hiver le *mulon* est recouvert de terre glaise, pour le protéger contre la pluie. Le vent est presque aussi utile que le soleil pour l'évaporation de l'eau et la cristallisation du sel.

De l'Épine, une route carrossable va rejoindre la ville en s'embranchant sur celle du Gois au-dessus du pont de l'Arceau.

Cinquième excursion — La Guérinière, Barbâtre et la Fosse.

Une voiture est nécessaire pour cette excursion. De Noirmoutier à la Guérinière, 4 kil.; à Barbâtre, 10 kil.; au Gois 12 kil.; à la Fosse 16 kil.

De Barbâtre, on peut aller à Beauvoir par le Gois, 12 kil. (voir p. 45); de la Fosse, à la Barre-de-Monts, par le petit bâteau, 6 kil. (voir p. 46) et de là à l'île d'Yeu, par le steamer la Vendée, partant de la Barre, chaque jour à heures variables.

La route de Noirmoutier à la Guérinière a été décrite (p. 46). Elle arrive dans ce village long d'un kilomètre et demi, perpendiculairement à son unique rue, laissant à droite la Verdonnerie et, plus près de la côte, le Bot et le Fier, en lutte avec la mer et le sable. Le Bot a déjà reculé devant l'envahissement des dunes, comme les Éloux placés plus près de l'Épine.

Le Bot et le Fier sont situés près d'une pointe, appelée la pointe de la Loire, quoiqu'elle n'ait aucun rapport avec le grand fleuve nantais. En avant sont des rochers du même nom (1) et sur une dune un moulin que la mer a déjà plusieurs fois entouré et dont la base est fortifiée par une digue.

Deux autres moulins, dont l'un est signalé dans

---

(1) Ce mot *Loire* se rencontre ailleurs à Noirmoutier et un marais porte le nom de Petite Loire. On ignore son étymologie.

le *Pilote des côtes de France,* sous le nom de moulin Nicou, ont déjà été emportés par les flots.

Sur ce point, les sables sont aussi redoutables que la mer, et ces petits villages, véritables nids de verdure, sont sans cesse menacés par eux. Le vent attaque en tourbillon le sommet des dunes et creuse une sorte de cirque. Une fois la brèche faite, il pénètre dans le monticule de sable et le projette comme une trombe sur un autre point.

Il faut se hâter d'abattre un des côtés du cirque et de faire à la dune un nouveau sommet, on y plante des planches ou des claies pour retenir le sable et on essaye de le gazonner en y semant des plantes traçantes, dont les graines sont momentanément protégées par des ajoncs.

Ces travaux de fixation des dunes par le gazonnement et les semis de pins sont exécutés de la façon la plus intelligente par M. Raimbaud, garde-forestier. Partout où le sable est mobile, on rencontre, de la pointe de Devin à Barbâtre, des palissades en planches le faisant monter et que l'on élève, au fur et à mesure que la dune se forme.

Des claies plantées verticalement en arrière des palissades servent à retenir aussi le sable et à former des crêtes.

Dès que la chose devient possible, ce terrain mouvant est semé de festuque, de calamagrostis ou *duréa,* de luzerne, et plus tard d'ajoncs et de pins.

Un des meilleurs moyens d'obtenir la fixation des

dunes, mais non le plus facile, c'est d'empêcher le pacage et d'autre part l'arrachement des immortelles.

L'escalade de la cime du Pé del'Herce, dune que l'on dit recouvrir un village, est une des plus intéressantes promenades à faire. De ce sommet, on voit l'île entière, la mer de tous côtés, en particulier à l'est et à l'ouest de la Tresson, la côté de Préfailles, celles de la baie de Bourgneuf, Beauvoir, la Barre-de-Monts et enfin l'île d'Yeu, dont avec une longue vue, on reconnaît les détails.

De la Guérinière au Bot s'étend la digue de Pulan fortifiée par des tamarix.

La mer se retire dans les grandes marées à 2 kil. sur cette grève de 200 m. de largeur et on peut sans danger s'avancer vers la pleine mer à 1 kil. 1/2. A basse mer, on y trouve des creux, où sous l'influence du soleil l'eau atteint une température élevée.

Cette plage offre d'excellentes conditions pour les bains et pour la pêche de la chevrette et des poissons. Ces derniers se prennent à la seine.

Les baigneurs trouvent à la Guérinière des maisons très propres et meublées d'une façon suffisante pour l'été.

La population est de 1216 habitants, qui joignent à la culture du blé et à la fabrication du sel, la pêche et la navigation. Ils n'ont cependant pour tout port au nord-est que le Bonhomme, simple éperon d'une digue. Sur la côte ouest, ils échouent leurs bateaux dans des écluses et s'il fait mauvais temps, ils les amènent à terre.

Les travaux d'endiguement au niveau du village lui même sont insuffisants contre les tempêtes du sud-ouest.

Déjà plusieurs fois la mer y est arrivée avec un courant de foudre et presque toujours en pleine nuit, envahissant l'église, la cure et les maisons voisines.

Le 27 octobre 1882, elle est montée à 45 centimètres dans les maisons, réveillant les habitants en sursaut et courant se perdre dans les marais voisins. Le vent ayant tourné brusquement, la digue des Isleaux, du côté nord-est, fut renversée à son tour et les deux flots marchèrent à la rencontre l'un de l'autre. Si l'on n'y prend garde, l'île sera coupée quelque jour en ce point. Les baigneurs, qui ne voient Noirmoutier que dans la belle saison, ont peine à comprendre comment la mer peut avoir une pareille force dans ses jours d'aveugle furie.

Au-delà de la Guérinière, l'île n'a plus que 1 kilomètre de large. L'isthme de la Tresson est formé du côté de la baie par les dessèchements Jacobsen, et du côté de l'Océan par des dunes, dont le sable est fixé par des immortelles, des œillets et des calomagrostis.

Vers le milieu de la partie retrécie, a été bâtie dans la dune, une ferme, la Tresson, sorte de ruche, où habitent les cultivateurs faisant valoir le dessèchement; elle est composée de maisonnettes réunies autour d'une cour commune.

Une colonne en marbre noir, à base de granit, a

été élevée, en octobre 1873, au milieu de cette cour. Elle est entourée de bornes de granit unies par des chaînes de fer.

On lit sur la colonne l'inscription suivante :

A LA MÉMOIRE
DE M. AUGUSTE JACOBSEN,
FONDATEUR DES DESSÉCHEMENTS DE LA GRANDE BRILLE (1829)
ET DE LA TRESSON (1833 ET 1834),
ÉDIFIÉE
PAR MM. LES ACTIONNAIRES.

La Maison rouge, hameau d'une vingtaine de feux (4 kilomètres 1/2 de la Guérinière), apparaît au milieu d'un véritable bouquet de peupliers et de saules.

Entre ce hameau et la mer, existait autrefois un bois d'ormeaux, délicieuse promenade pour les Barbâtrois. Il s'appelait le *Bois du Paradis.* Une tempête de sable l'a fait disparaître. Elle a dû être subite, car elle a englouti des maisons, dont on a retrouvé, il y a une trentaine d'années, les murs et la charpente, près d'un moulin, dit *moulin de la potence,* actuellement démoli.

C'est sans doute à ce fait que Jules Piet fait allusion dans la note suivante, qu'il ajoute aux *Recherches* de son père. « En 1763, par un seul ouragan, plus de dix maisons de la paroisse de Barbâtre furent ensevelies sous les sables, et l'on voyait encore vers la fin du xviiie siècle, le sommet d'un moulin à vent, qui y fut englouti, comme le monument irrécusable de cet affreux événement ([1]). »

Barbâtre (1818 habitants), chef-lieu de la seconde commune de l'île, est situé à 1/2 kilomètre de la Maison Rouge. Il se compose du bourg de Barbâtre, du Bois Gaudin, séparés par une croix blanche et des Onchères, qui se suivent sans interruption pendant près de 2 kilomètres. Il est adossé à des dunes, sur le fond desquelles se dessinent de blanches maisons, des jardins plantés d'arbres et des meules de paille. De l'autre côté, il a vue sur la plaine, qui porte son nom.

S'étant fortement prononcé en 1793, pour le parti royaliste, Barbâtre fut condamné par le Comité du Salut public à être entièrement détruit. Cependant grâce aux supplications qui furent faites, on épargna tout un côté ; l'autre, sous le prétexte absurde qu'il masquait la plaine et protégeait la marche de l'ennemi, fut renversé de fond en comble ([2]).

L'origine du nom de Barbâtre, ou mieux Barbastre, est très discutée. F. Piet le faisait venir de deux mots celtiques : *Barren*, barre ou port, et *barte*, bouquet de bois. Son fils fait remarquer que dès le IXᵉ siècle on trouve citée dans les chartes une famille puissante du nom de *Barbastre* et vivant à Beauvoir et à Bouin, et croit devoir attribuer à ces Barbastre (ou Barbe noire) le nom du bourg, comme aux Guérin celui de la Guérinière.

(1) Piet, p. 12.
(2) Piet, p. 76.

Près de Barbâtre, est une belle plage, la Grande côte ou l'Arée, regardant le sud-ouest. Elle est un peu rapide à haute mer, presque horizontale à basse mer, mais avec des dépressions subites, qui ne la rendent pas sûre. On y fait de belles pêches à la seine.

Nous ne conduirons pas de nouveau le lecteur au Gois. Les 2 kilomètres, qui en séparent les dernières maisons de Barbâtre, ne présentent rien à noter.

Si l'on s'engage dans la partie, qui porte le nom des Onchères (et non des Jonchères, comme dit le Guide Joanne), on arrive bientôt à la Frandière, gros village dans les sables et qui n'est séparé de celui de la Fosse que par une croix verte.

Josse Hersfelt, ancien gouverneur de l'île, avait construit à la Fosse une chapelle sous le vocable de Notre-Dame du Refuge. Il n'en reste plus de traces.

Une sorte de pardon ou de *proveil* d'abord religieux, puis transformé en réunion de danse, avait lieu à la Fosse le jour de la Saint-Étienne ; il a cessé d'être suivi.

Plusieurs personnes viennent en villégiature pendant la saison des bains au village de la Fosse, chez un marin, Louis-Aimable Chantereau.

De nombreux desséchements dus à diverses familles de Noirmoutier (Jacobsen, Boucheron, Lebreton et autres), ont augmenté la partie sud de Barbâtre.

On aperçoit, de la Fosse, la Barre-de-Monts, son embarcadère et les tours de Boisvinet indiquant l'entrée du goulet.

Si l'on veut aller à l'île d'Yeu, il faut se faire transporter à l'embarcadère de la Barre par le bateau du passeur et y attendre le départ du steamer *La Vendée.*

Chaque matin, ce paquebot part de Port-Joinville (île d'Yeu), touche à la Barre-de-Monts et en repart une demi-heure après. Le service est aussi régulier que le permettent le temps et la marée, et le trajet, d'environ 24 kilomètres, se fait en moyenne en trois heures.

Le bateau à vapeur part de l'île d'Yeu, le 3° ou 4° jour après la lune, à 5 heures du matin et de la Barre, à 8 heures 1/2 ; chacun des jours suivants, il offre 3/4 d'heure de retard. Tout cela sauf l'inspection, les nettoiements de la chaudière, les incidents imprévus, etc.

Le plus sage est de demander par dépêche au capitaine de *La Vendée,* si elle partira le jour où l'on veut faire le voyage et à quelle heure.

Trois jours en comptant l'aller et le retour suffisent pour voir l'île d'Yeu. Les points à visiter sont la ville (Port-Joinville), le Bourg (Saint-Sauveur), le sémaphore et la côte ouest, le vieux château, le village de la Meule et la Pierre tremblante sur la côte sud. Les côtes sud et ouest, regardant la mer sauvage, méritent à elles seules que l'on visite l'île d'Yeu (¹).

(1) Viaud-Grand-Marais et Ménier : *Excursions botaniques à l'île d'Yeu.* J. Richard : *L'île d'Yeu d'autrefois et l'île d'Yeu d'aujourd'hui ;* etc.

CHAPITRE VII

Bains de mer, Bains de sable et Source minérale.

Bains de mer.

Noirmoutier offre presque sur tous les points de son vaste périmètre des endroits favorables aux bains, au moins à certaines heures de la marée (¹).

Sur la côte nord-est sont des plages à l'abri du vent et à sable fin. Près de la Guérinière, s'étend une longue grève à faible inclinaison et pouvant rivaliser avec celle des Sables-d'Olonne. Ailleurs, comme au Vieil, la côte présente des flaques d'eau peu profondes laissées par la mer entre les rochers ou entourées de pierres formant des écluses à poissons.

Trois conditions répondant à des indications différentes pour les bains de mer se trouvent réunies à Noirmoutier. On peut y prendre à volonté le bain à la vague, fortement excitant et qui fait l'effet

(1) L'anse de Luzéronde toutefois est dangereuse à cause de sa grande obliquité.

d'une douche, avec la salure de l'eau en plus, le bain
à faibles lames plus agréable et mieux supporté,
enfin le bain à eau dormante, tiédie par les rayons
du soleil, le seul toléré par certaines natures ner-
veuses et délicates.

La Guérinière et le village de la Fosse reçoivent
un certain nombre de baigneurs, attirés par leurs
plages et la vie à bon marché ; les habitants seraient
heureux d'en voir venir un plus grand nombre. Le
Vieil a ses habitués cherchant l'isolement et les
plaisirs de la pêche ; l'Herbaudière offrant des conditions analogues plaît surtout aux amateurs de
canotage ; mais pour la masse des baigneurs, les
véritables plages de bains sont celles du nord-est,
à douce inclinaison, à sable solide, parce qu'il
repose sur une couche profonde de galets, et à mer
tantôt calme, tantôt modérément agitée ; elles permettent le bain à toute heure du jour et offrent
avant et après, les distractions de la promenade
sous bois.

Ces plages, favorisées entre toutes, commencent au
Sableau et finissent à la Claire. La plage du Sableau,
qui partout ailleurs serait recherchée, est relative-
ment délaissée, parce que les routes par lesquelles
on la rejoint sont plus longues et moins commodes
que celle du bois. Elle offre cependant à son extrémité nord, sous l'ancien fort Saint-Pierre, un des
endroits les plus favorables pour les bains. Il est
réservé aux hommes et sert de lieu de baignade aux
soldats.

L'anse de la Claire est splendide, son sable est fin, mais la mer y est parfois très forte et des piquets avec des cordes y seraient nécessaires. Elle n'est pas très sûre pour la natation ; mais combien de stations balnéaires lui porteraient envie ? Elle a ses fidèles tenant à ne pas se mettre à l'eau avec la foule des baigneurs.

L'anse rouge ou des Souzeaux a été longtemps préférée à celle de la Chaise, étant entourée de bois comme sa rivale ; la mer cependant tire un peu de fond par certains vents, surtout au voisinage de la batterie du Tambourin. On évite cet inconvénient en se baignant vers le milieu de la crique et plus près de la pointe du Cob.

Nous ne pouvons revenir sur ce que nous avons dit de l'anse du bois de la Chaise, la meilleure de toutes, bien abritée et très sûre.

Les nageurs éviteront néanmoins de dépasser les pointes à cause des courants violents qui s'y rencontrent. On devra aussi se rappeler que si l'anse est bien garantie contre les vents de presque toutes les directions, elle ne l'est pas contre ceux de nord-est, soufflant rarement avec force en été. Quand il en est ainsi, le baigneur doit se tenir près du rivage et ne pas s'éloigner des cordes. Un canot monté par un homme sûr et bon nageur est à l'heure du bain près des baigneurs, prêt à leur porter secours.

Deux rangées de cabines ont été établies sur le sommet de la côte et une tente placée en avant d'un restaurant, permet de jouir à l'ombre du spectacle animé de la grève.

Prix des bains : Cabine	0 f. 25
Location de costume	0 25
Bain de pieds chaud	0 10
Bain chaud, linge compris.	2 »

Les baigneurs du bois de la Chaise prennent en location des chalets, ou trouvent en ville des maisons garnies proprement tenues et à prix modéré. (*Voir aux annonces.*)

Tant que les Noirmoutrins jouissaient seuls de leurs plages, ils avaient l'habitude de ne se baigner qu'à marée descendante à cause des débris qu'amène le flot. Parmi ces débris se trouvent de petites méduses ou orties de mer, bien désagréables par les démangeaisons auxquelles elles donnent lieu.

« L'animal, écrit Moquin-Tandon, représente une jolie ombrelle brune, découpée et festonnée, avec un gros pédicule et des bras nombreux, longs et rubanés, qui forment après elle une chevelure flottante, d'autant plus dangereuse qu'elle est presque diaphane. Quand on s'embarrasse imprudemment au milieu de ces filaments empoisonnés, on sent bientôt des douleurs aiguës insupportables. La méduse, en fuyant, abandonne souvent ses cheveux, qui se détachent. Ces derniers, quoique isolés, agissent toujours comme si l'animal était présent et comme s'il voulait se venger de leur séparation.

« Les organes urticants des méduses sont des

coques très petites disséminées dans leur peau, sur laquelle elles forment des saillies plus ou moins tuberculeuses. On les observe surtout à l'extrémité ou le long des tentacules. Ces coques sont dures, diaphanes et doublées d'une membrane mince et flexible. Au fond de leur cavité se trouve un fil long et ténu, enroulé sur lui-même pendant le repos. Ce fil peut sortir de la bourse, et l'on voit alors à sa base une ou plusieurs pointes aiguës en forme de dards. Ces poignards microscopiques, probablement creusés d'un petit canal, sont portés par une glande qui sécrète une sorte de venin. C'est avec ces petits appareils que les méduses, dont le tissu est si faible, si délicat, et l'intelligence si obtuse, si bornée, peuvent se défendre et même attaquer. (¹) »

Aujourd'hui on ne fait plus attention à l'heure de la marée et les acaléphes, dont on vient de parler, doivent être rares sur nos côtes, car on ne s'en préoccupe pas. Il est d'usage de se baigner au bois de 3 à 5 heures; tout dépendant de l'heure du déjeûner et des cabines libres.

Bains de sable.

Le bain de sable ou l'arénation est un des meilleurs moyens de combattre le rhumatisme chronique. Il produit une sueur abondante, s'échappant par tous les pores de la peau. Pour le prendre, il faut choisir une plage ou des dunes très rapprochées de

(1) *Le Monde de la mer*, par Alfred Frédol, p. 157.

la mer et que le soleil a chauffé fortement ; on couvre tout le corps du rhumatisant d'une couche de 5 à 6 centimètres de ce sable surchauffé et on laisse le patient exposé au soleil, tant qu'il peut le supporter, en ayant soin d'abriter sa tête à l'aide d'une ombrelle.

Au sortir de ce bain, il est frictionné avec une couverture de laine ; il se jette ensuite sur un lit dans une maison voisine, afin d'y reposer jusqu'à la cessation de la sueur et prend un bouillon ou un verre de vin généreux.

Les sables de la Claire, ceux de Luzéronde, de l'Épine, de la Tresson et de la Fosse sont très favorables pour ce genre de médication.

Source minérale.

La source minérale, *Puits Pignolet* ou *de la Passe,* est située à trois cents mètres de la ville sur le chemin du bois de la Chaise et à quatre cents mètres environ du puits d'Aquenette, qui fournit une eau excellente pour la boisson et les usages domestiques.

Elle est entourée de fossés, dont l'eau douce et jaunâtre est couverte de pellicules irisées et est loin de tout marais salant.

Le fond du puits est une argile compacte, jaunâtre et mélangée de mica ; la source en jaillit perpendiculairement et avec abondance.

L'eau est reçue dans un bassin de 5m30 de profondeur, où elle se maintient presque toujours à une hauteur de 4ᵐ à 4ᵐ 1/2. Sa limpidité est parfaite, son goût fade et magnésien, son odeur nulle, sa densité peu supérieure à celle de la plupart des eaux potables.

Elle se conserve longtemps sans altération.

La source pourrait donner plus de 900 litres par jour. On voit nager à sa surface des pellicules iri-sées ; elle ne pétille pas quand on l'agite et ne fournit d'autres bulles sensibles que celles de l'air atmos-phérique qui s'y interpose pendant l'agitation.

Chauffée avec précaution elle laisse échapper de l'acide carbonique et, si l'évaporation n'est pas faite avec ménagement, de l'acide chlorhydrique résultant de la décomposition de chlorures ([1]).

Creusé depuis fort longtemps par les habitants à la recherche d'une source potable rapprochée de la ville, ce puits fut abandonné à cause de sa saveur désagréable.

On le rouvrit de nouveau vers 1750, croyant tou-jours trouver ce que l'on cherchait, mais le liquide ne fut pas reconnu meilleur que la première fois.

Cependant un médecin nommé Jeffrée déclara que cette eau était médicamenteuse. Il en prescrivit l'usage à plusieurs de ses malades, qui s'en trou-vèrent bien.

Pendant la Révolution la source minérale retomba dans l'oubli.

Elle fut retrouvée par hasard en 1804, par Pignolet,

[1] Fr. Piet. *Découverte et analyse d'une eau minérale salino-ferrugineuse* 1810.

officier de santé attaché à l'hôpital militaire de l'île, et par F. Piet, alors maire de Noirmoutier.

Pignolet l'essaya à l'aide du cyanoferrure de potassium et obtint la couleur bleue, signe de la présence du fer.

Le puits fut mis en état d'être utilisé et l'eau analysée par Hectot. Elle fut reconnue chlorurée, magnésienne et ferrugineuse.

Administrée à divers malades, elle donna d'excellents résultats, non seulement comme médicament ferrugineux, mais aussi par le fait de sa composition saline.

De jeunes femmes lui attribuèrent les joies longtemps désirées de la maternité, et l'on vit disparaître sous son influence des affections rebelles de la peau, tenant à l'atonie de l'organisme.

Actuellement le puits Pignolet est entouré d'un mur circulaire de 2ᵐ50 d'élévation et recouvert d'un toit dans lequel ont été ménagées deux ouvertures pour laisser passer l'air. Il est muni d'une porte permettant le puisage.

Il va être creusé de nouveau ; une gardienne chargée de le surveiller distribuera l'eau aux buveurs moyennant une faible rétribution ; et tiendra à leur disposition des sirops ou des bonbons pour en masquer le goût.

Les principes minéralisateurs de l'eau de Pignolet sont les chlorures de magnésie, de soude et de chaux, des carbonates et des sulfates terreux en petite quantité et du carbonate de fer.

Depuis l'analyse d'Hectot, une nouvelle analyse a été faite, en 1850, par Bobierre et Moride et publiée à la suite de leur travail sur les eaux minérales de la Loire-Inférieure.

Comme toutes les eaux d'une certaine valeur, l'eau de Pignolet ne peut être prise à toute dose, dans toute circonstance et sans conseils.

D'autres sources plus ou moins ferrugineuses et contenant des sels de diverses espèces existent dans l'île, en particulier au voisinage des châlets.

Les puits de la ville fournissent une eau dure, qui dissout mal le savon.

Les eaux d'Aquenette et de la Touche sont, au contraire, parfaites au point de vue de la boisson.

NOTES

I. — MENHIR DE LA POINTE DES DAMES (p. 13).

M. Gautier, garde du phare des Dames, nous a fait remarquer dans l'enceinte du phare, au point culminant du bois de la Chaise, un énorme bloc de quartzite couché sur la partie la plus élevée du plateau. C'est un bloc apporté, n'ayant aucun rapport avec les statifications sur lesquelles il se trouve. Il a la forme de la plupart des pelvens; et sa hauteur est de trois mètres. La grosse extrémité sur laquelle il devait jadis reposer est plate; l'autre est tronquée et une partie a dû en être séparée.

Un menhir dressé à cet endroit devait se voir de loin dans la baie.

D'où viennent ces noms très anciens, de rochers, de pointe et de chambre des Dames? Se rattacheraient-ils à des souvenirs de druidesses ?

II. — ADDITIONS AUX FAITS HISTORIQUES (p. 16).

Le Dr Marcel Petiteau, dans un article intitulé *Une expédition à Terre-Neuve en 1623* (*Annuaire de la Société d'Émulation de la Vendée 1884*). dit qu'en 1370, sous le règne de Charles VI, la flotte anglaise du comte Richard d'Arundel composée de 140 voiles vint attaquer Noirmoutier. Les habitants réduits à l'extrémité s'enfermèrent dans le château, où ils résistèrent à plusieurs assauts et d'où ils assistèrent à l'incendie de leurs maisons.

Il raconte, quelques lignes plus loin, qu'en 1585 l'île fut attaquée par des corsaires turcs ou barbaresques.

Puis il parle de l'expédition des Hollandais en 1674 et de la lâcheté du gouverneur qui, dit-il, fut condamné, au mois de juin 1676, par le présidial de La Rochelle à être roué vif et à payer de fortes amendes, l'une de 3700*H*, applicable à la rédemption des captifs de l'Ile-d'Yeu, des Sables, de Saint-Gilles et lieux voisins. Il donne à ce gouverneur un nom différent de celui cité par Piet, le prénom restant le même.

Le Chartrier de Thouars, publié en 1877, contient, dans la cinquième partie, pp. 341-359, divers documents jusqu'alors inédits sur les seigneurs de Noirmoutier.

III. — INSCRIPTIONS ÉNIGMATIQUES (p. 59).

L'emploi de lettres suivies de points pour exprimer des phrases fut fréquent à Noirmoutier, à une certaine époque. On le retrouve non-seulement sur les vieux registres, mais aussi sur la pierre.

Une pierre trouvée dans les fouilles de la chapelle de la Blanche porte l'inscription suivante :

L : D : N :-S :	l'an de Notre-Seigneur.
1718	1718,
C : P : A : E : T : P :	cette pierre a été posée
P : L : R:R : P:P :	par les Révérends Pères,
D : F : LEROY ET	Dom F. Leroy et
D : G : LE VIEL : S : P :	Dom G. Le Viel, sous prieur
ET D : RENE :	et Dom René
CANU PRIEUR.	Canu Prieur.

Une pierre de la vieille maison de Noizillac, porte :

D. I. V. P.	Dieu ici vous protège !

Mais un grand nombre de ces inscriptions resteront

énigmatiques, les événements auxquels elles font allusion étant oubliés.

IV. — COLLECTIONS RICHER (p. 62).

M. Edouard Richer, décédé maire et conseiller général de Noirmoutier, a légué à la commune, ses collections de coquilles et de minéralogie et de plus sa bibliothèque composée surtout de livres de philosophie, d'histoire naturelle et d'histoire locale. Parmi ses livres se trouvent ceux édités par la pléiade d'écrivains désignés sous le nom de l'*Académie ambulante,* soit par ses deux oncles Ed. Richer et Impost, et par F. et J. Piet.

V. — RAPPORT DU PATRON DU *Massilia* SUR LE SAUVETAGE DES NAUFRAGÉS DU *Tyrus* (EXTRAIT DU PROCÈS-VERBAL DE LA SÉANCE DU 13 OCTOBRE 1878, DU COMITÉ LOCAL DE LA SOCIÉTÉ DE SAUVETAGE).

Je soussigné, Métier, pilote, patron du canot de sauvetage le *Massilia,* rapporte que le dix octobre, à 7 heures du matin, le vent soufflant ouest en tempête, mer démontée, j'aperçus un navire trois-mâts barque sous ses huniers au bas ris et son petit foc, le navire en fuite, le cap entre le Pilier et l'Herbaudière.

La position et la direction suivie devaient fatalement amener un sinistre. Aucune embarcation de pilote ne pouvait prendre la mer (la tempête étant dans toute sa fureur). Nos signaux ne pouvaient être aperçus, je fis alors appel à mes canotiers de sauvetage; tous répondirent à ma voix.

A 7 h. 1/2, le trois mâts talonnait sur une roche, dite *des Barjolles,* située au S.-E. du Pilier, à un demi mille environ de cette île; à peine touché, sa mâture s'abîmait le long du bord; le flot commençant à monter rendait terrible la position des malheureux qui se trouvaient à bord.

A 8 heures 1/2, le canot de sauvetage monté par les 14 hommes se trouvait lancé sans aucune avarie. Les canotiers étaient :

MÉTIER pilote, *patron*, — MÉTIER fils, pilote, *sous-patron*, — BOUCHERON, Jean, — DAMOUR, Jean, — RENAUD, François, — BOUCHERON, Pitre, — MÉTIER, Jean-Marie, — GALAIS, Joseph, — RAIMONDEAU, Jean-Marie, — IZACARD, Pierre, — IZACARD, Joseph, — CHARRIER, Pierre, — MÉTIER, François, — et BEILVERT, Charles.

Je tentai immédiatement l'approche du malheureux navire, mais nous avions à lutter contre un vent terrible, une mer déchaînée et un courant d'autant plus rapide que nous nous trouvions dans les grandes marées. Après 2 h. de lutte, voyant que nous culions au lieu d'avancer, je me vis obligé de chercher abri derrière la jetée du port.

A 11 h., je tentai un nouvel effort, qui ne fut pas plus heureux.

Enfin, à 1 h. 1/2, le courant devenant moins fort, mes hommes acceptant de tout tenter pour approcher l'épave, je sortis de nouveau et après une heure et demie de lutte contre les éléments déchaînés et grâce à l'énergie déployée par mes hommes, je réussis à approcher de l'épave flottante, reste du navire submergé.

Cette épave consistait en débris de mâture et de vergues séparés les uns des autres et cependant retenus encore par le gréement, au navire sombré. Sur ces débris neuf hommes nous tendaient les bras et nous faisaient des signaux désespérés.

L'un d'eux, le plus valide, se jeta à la mer et put saisir une ligne que nous lui lancions ; les autres pouvaient à peine se remuer, transis qu'ils étaient par le froid et la fatigue.

Sur ces entrefaites un grain des plus violents accompagné d'une pluie torrentielle vint m'empêcher de distinguer l'épave qui ne se trouvait pas à plus de 30 mètres.

Sitôt le grain passé, je fis forcer sur les avirons et fus assez heureux pour lancer une ligne et établir un va et vient. Six hommes furent sauvés de cette façon, en moins de cinq minutes, mais il fallait aller chercher les deux autres plus avant parmi les débris. C'était le capitaine avec un jeune novice.

Après maintes précautions pour éviter un abordage nous pûmes réussir à lui lancer une ligne qu'il s'amarra autour du corps ; il prit le jeune novice dans ses bras et nous les halâmes à bord. Il était temps ; un grain plus fort que les précédents nous rejeta loin de l'épave. N'ayant plus rien à faire au milieu de ces débris, qui devenaient dangereux pour notre sûreté à tous, nous fîmes voile sur la misaine, au bas ris, vent arrière, pour le port de l'Herbaudière, où nous fûmes chaudement accueillis par les membres du comité local, auxquels je remis les 9 naufragés, que nous venions de sauver d'une mort certaine.

Je n'ai eu qu'à me louer de la bonne tenue du canot dans les diverses sorties occasionnées par ce sauvetage ; il s'est comporté admirablement ; l'eau qui embarquait par l'avant lorsque nous luttions contre la lame, s'en allait rapidement par les soupapes et, vu l'état de la mer, il sentait encore assez bien sa barre. L'embarcation n'a subi aucune égratignure. Je n'ai à constater que la perte d'un cartahu de sauvetage resté engagé dans les débris flottants.

Mes hommes ont montré une énergie et un sang-froid remarquables et ont fait preuve d'une discipline qui n'a pas peu contribué au succès obtenu.

Le capitaine norvégien, Tolepsen, nous a dit que son navire se nommait le *Tyrus*, de Grimstad, venant de New-York, et avec blés en vrac allant à St-Nazaire et qu'il avait perdu 3 hommes avant notre arrivée.

En foi de quoi j'ai fait le présent rapport que j'affirme véritable.

MÉTIER.

NOMS DES SOUSCRIPTEURS

AU GUIDE DU VOYAGEUR A NOIRMOUTIER

MM.

Aubineau, secrétaire de l'Ecole de médecine, rue Ogée, 10, Nantes.

Audigan, Henri, rue des Jardins, Nantes.

Bastard, professeur, rue Jean-Jacques, 6, Nantes.

Baudry (l'abbé), vicaire à Noirmoutier.

Berthault, Paul-Emile, avocat, Nantes.

Berthomé (l'abbé) curé de l'Herbaudière.

Blandin, à Pornic.

Boisseau (l'abbé), curé de la Guérinière.

Boisseau (l'abbé), curé de S. Cyr-des-Gats (Vendée).

Boucheron, Charles, propriétaire, Noirmoutier.

Boucheron, François, propriétaire, Noirmoutier.

Boucheron, Georges, greffier, Noirmoutier.

Bridon (Mme Ve), villa Sainte-Anne, Pornic (2 exempl.).

Brunet, Henri, Mouilleron-en-Pareds.

Charrier, juge de paix, Noirmoutier.

Cordé (l'abbé), professeur aux Enfants-Nantais, Nantes.

Coué, receveur d'enrégistrement aux Herbiers (2 exempl.).

Couillon, Paul, propriétaire, Noirmoutier.

Dampayrou, Victor, notaire, Noirmoutier.

Debais (l'abbé), chanoine, rue Saint-Laurent, Nantes.

Delaveau (Mlle), la Guérinière.

Deschamps (l'abbé), rue Richaud, Versailles.

MM.

Dupou, notaire, Blois.

Ertault de Boismellet, père, au Sableau, Noirmoutier.

Ertault de Boismellet, Gabriel, au Sableau, Noirmoutier.

Fauvel, à Monplaisir, l'Épine, Noirmoutier.

Fourage, Frédéric, sous-patron de douane, Noirmoutier.

Fillon, Pierre, propriétaire, Noirmoutier.

Frioux, Jean, serrurier, Noirmoutier.

Gahier, agent d'affaires, Nantes.

Garet, Charles, juge de paix, Challans.

Gicquel, négociant, Noirmoutier.

Gougaud, Théodore, rue Saint-Donatien, 47, Nantes.

Goullin, Francis, à la Bouvardière, Saint-Herblain.

Gsell, receveur des postes et télégraphes, Noirmoutier.

Guérin-Richer (Mme Ve), Noirmoutier (2 exempl.)

Guibert (abbé), curé-doyen, Beauvoir-sur-Mer.

Guihot, entrepreneur, rue Crucy, Nantes.

Gustin (docteur-médecin), Noirmoutier. (2 exempl.)

Herbelin, Arthur, maire de Noirmoutier.

Hervouët, Auguste, propriétaire, Noirmoutier.

Heurtin (l'abbé), Pornic.

Hy, Félix (l'abbé), curé des Alleux, par Brissac (Main et-Loire.

Hy, Onésime, (l'abbé), curé de la Chapelle-du-Gen

Hubert, propriétaire aux Louinas, Noirmoutier (3 exempl

Izacard, commerçant, Noirmoutier.

Jacobsen, Henri, maire de Beaufou (Vendée).

Jaunay, constructeur, Noirmoutier.

Jeanneau, propriétaire à la Blanche, Noirmoutier.

Labbé, Ludovic, boulevard Haussman, 99, Paris.

Lafontaine, Constant, propriétaire, Noirmoutier (2 ex.)

Lassourd, maître d'hôtel, Noirmoutier.

MM.

Laurent, maire de Barbâtre, Noirmoutier (2 exempl.).

Laurent, Joseph, propriétaire à la Guérinière.

Lebreton, Casimir, notaire, Noirmoutier.

Leboustouler (l'abbé), missionnaire de l'Immaculée-Conception, Nantes.

Mainguet (M⁽ᵐᵉ⁾ Vᵉ), Noirmoutier.

Maisonneuve, Paul (docteur), rue des Arènes, 40, Angers.

Margerie, professeur à l'école Monge, place Wagram, 3, Paris (2 exempl.)

Marmusse, propriétaire, Paris.

Masson, Auguste, négociant, Noirmoutier.

Morel, sous-commissaire d'inscription maritime, Noirmoutier (2 exempl.)

Mercier, Auguste, place Saint-Pierre, 4, Nantes.

Merland (Mᵐᵉ Vᵉ), Noirmoutier.

Merland, Julien, juge suppléant, Nantes.

Musset, Jules, propriétaire à Challans.

Nicollière-Teijeiro, (Stéphane de la), archiviste de la ville de Nantes.

Noue (Edouard de la), ancien magistrat, boulevard de Saumur, Angers (4 exempl.)

Pavageau, négociant, quai Fosse, 85, Nantes.

Penisson, Alphonse, patron de barque à l'Herbaudière.

Piet, Evélina (Mˡˡᵉ), Noirmoutier (2 exempl.).

Pillaud, notaire à Sainte-Hermine (Vendée).

Pineau, Joseph, conseiller général, Noirmoutier (2 exempl.)

Pineau-Jolly, propriétaire, Noirmoutier.

Pinet, chanoine honoraire, curé de Noirmoutier.

Plantier, Fr., receveur de l'Enregistrement, Nantes.

Pontdevie (abbé) aumônier au Lycée, La Roche-sur-Yon.

Postaire, percepteur, Noirmoutier.

MM.

Poupard (l'abbé), vicaire à Sainte-Croix, Nantes.

Raguideau, André, secrétaire de la Mairie, Noirmoutier.

Raymond, horticulteur, rue du Puits-Neuf, à Noirmoutier.

Rhoné (Mme Ve) boulevard Haussman, 99, Paris.

Rhoné, Edouard, boulevard Haussman, 99, Paris.

Rhoné, Léopold, rue des Mathurins, 32, Paris.

Richard, Jules, ancien magistrat, la Mothe-Saint-Heray.

Rivière, P., marbrier, rue Lafayette, 3, Nantes.

Rousselot, Louis, boulevard Delorme, 20, Nantes.

Sambœuf (De), rue des Roullis, Blois (2 exempl.).

Simoneau, Pierre, instituteur public à Saint-Hilaire-de-Riez (Vendée).

Sourisseau, J.-B., quai d'Aiguillon, Nantes.

Surville, Henri, avoué, La Roche-sur-Yon.

Triverio, maître d'Hôtel, Noirmoutier.

Viau, Louis, peintre, rue Fénélon, 4, Nantes.

Viaud, Adolphe, médecin, adjoint au maire, Ile-d'Yeu.

Viaud, Alphonse, secrétaire de la mairie de Noirmoutier.

Viaud-Grand-Marais, André, notaire à Nantes.

Viaud-Grand-Marais, Henri, propriétaire à Noirmoutier.

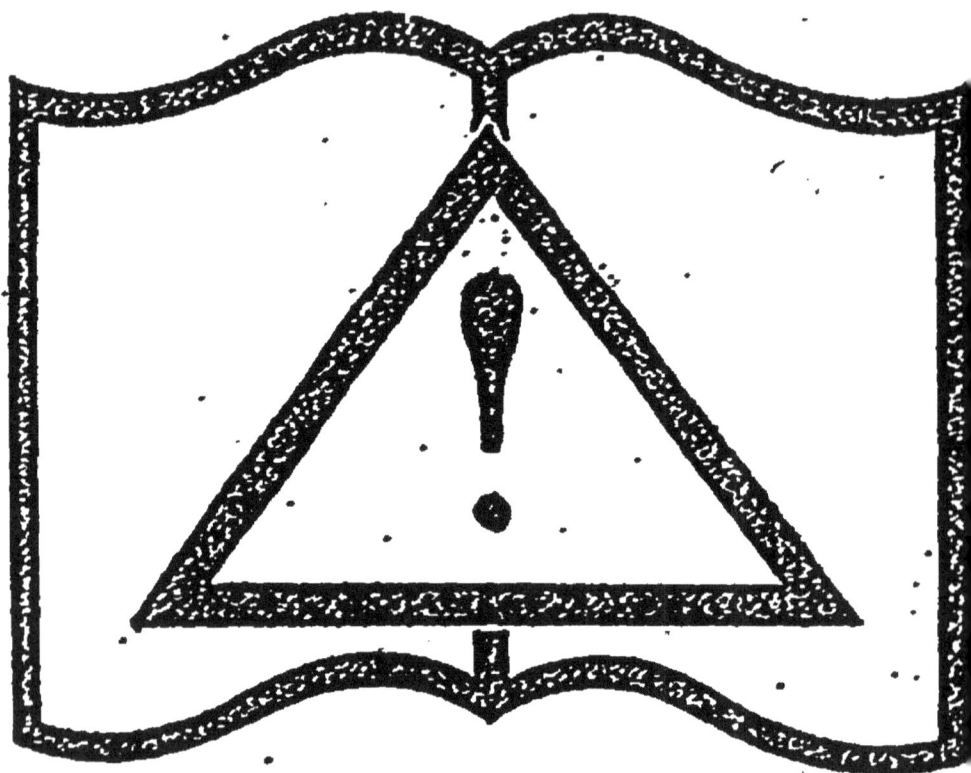

PAGINATION DECALEE

HOTEL du LION D'OR

TENU PAR

MM. LEBRETON & TRIVERIO

Déjeuner, Dîner et Chambre, depuis 8 francs.

Restaurant à la plage de la Chaise-Dieu, même prix pour les repas qu'à l'Hôtel (3 fr.); Cabines de bains; Bains de mer chauds.

Bureau de la Correspondance du Chemin de fer Bourgneuf et Challans.

ON PARLE ESPAGNOL & ITALIEN

VOITURES A VOLONTÉ

SERVICE A VOLONTÉ DANS LES CHALETS

FABRIQUE D'EAU DE SELTZ & DE LIMONADE

SONS	AVOINE
ET	ET
FARINES	BLÉ NOIR

SEL MARIN DEMI-GROS ET DÉTAIL
GRAINS ET GRAINES

Izagard Fils

COMMERÇANT

A NOIRMOUTIER, RUE DE LA MARE

VOITURES D'OCCASION ET A VOLONTÉ

CORRESPONDANT AVEC LES TRAINS DE CHALLANS ET DE BOURGNEUF

CHEVAUX ET VOITURES A LOUER
Pour Excursions dans l'Ile.

Service de Messageries entre Noirmoutier et Challans, Départs réguliers tous les Lundis et Vendredis de chaque semaine.

ENTREPRISES DE TRANSPORTS DE TOUTE ESPÈCE
concernant le Roulage.

MAISONS GARNIES RECOMMANDÉES

LOUEURS EN GARNIS

PENDANT LA

SAISON DES BAINS

Mme Vve TARAUD, rue Entre-les-deux-places.
RAYMOND Constant, —
BRISSET Georges, Petite-Place.
BRISSET Aimé, —
Vve TAILLÉ, Grande-Rue.
Vve ROUSSEAU, Grande-Rue.
RENAUDIN, —
Vve HARDY, —
BRISSET Léonard, mère, Grande-Rue.
GRAVOUIL Philippe, —
JAUNAY, sur le Port.
NAU François, rue Banzeau.
Mlle DUHAMEL Mildona, —
MOIZEAU Victorine, —

A VENDRE OU A LOUER

UN CHALET

NOMMÉ KER BERTHA

Sis à Préfailles (Loire - Inférieure)

AU BORD DE LA MER

Ce Chalet, entièrement neuf, est parfaitement meublé, et est situé à proximité de la source ferrugineuse.

IL EST COMPOSÉ :

1º Au rez-de-chaussée : Vestibule, vaste Salle à manger, Salon, Vestiaire, Office, Cuisine, Lingerie, Chambres de domestiques et Caveau.

2º Au premier étage : six Chambres à coucher, deux Cabinets de toilette, grand Balcon en façade sur la mer.

Écurie et Remise, Buanderie avec accessoires, Jardin et Puits, le tout clos de murs.

Vaste Tonnelle donnant sur la route avec une belle grille devant la maison, Tente et Cabine sur la plage.

Gymnase, jeu de Croquet, jeux de Tonneaux, etc.

ON LOUERAIT AVEC OU SANS LINGE

Pour voir la Photographie dudit Chalet, et pour traiter, s'adresser à M. AUBINEAU, rue Ogée, 10, Nantes.

TABLE

3183. — Nantes, Imp. Bloch, Le Gars et Ménard.

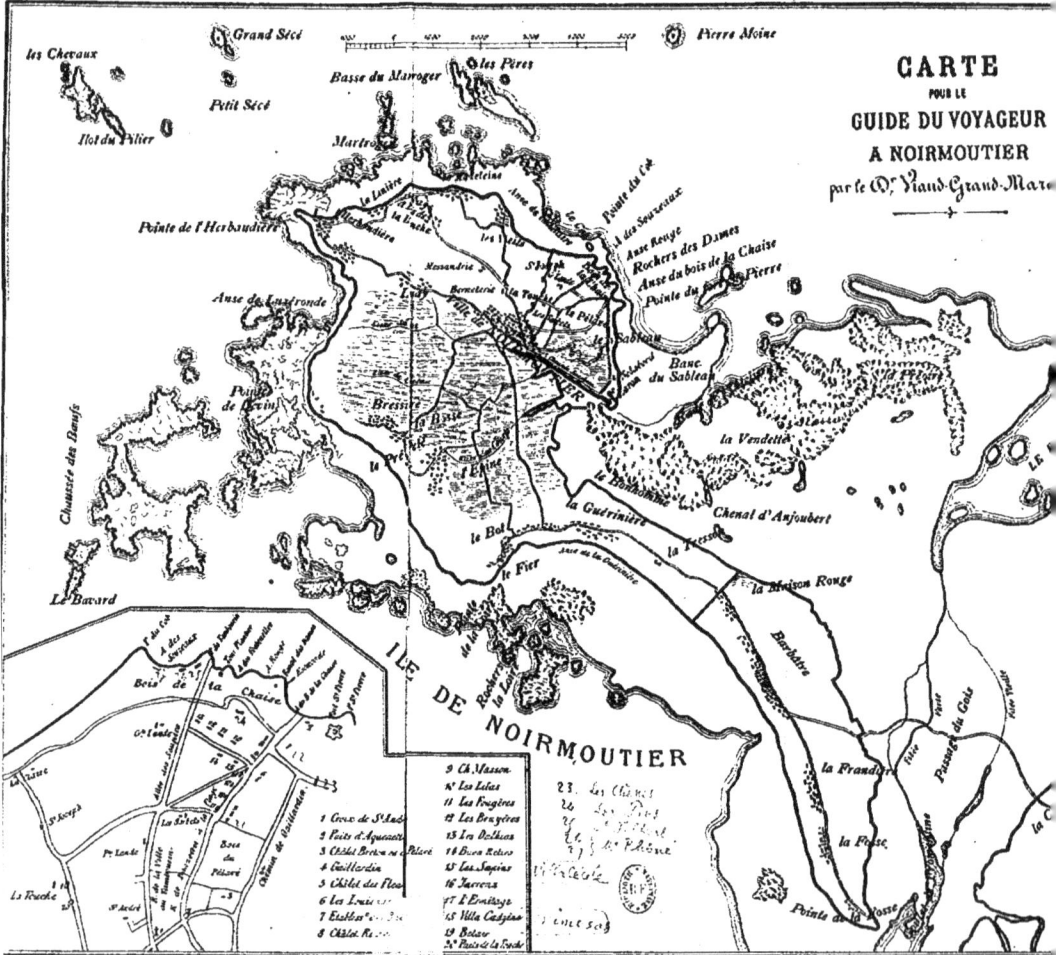

CARTE
POUR LE
GUIDE DU VOYAGEUR
A NOIRMOUTIER
par le D.r Viaud-Grand-Mar...

les Chevaux

Grand Sécé

Pierre Moine

Basse du Maroger

les Pères

Petit Sécé

Ilot du Pilier

Martro...

Pointe de l'Herbaudière

le Lustre
la Rochè
Moutiers
la Lande
Maleine

Anse de l'...

Pointe du Cot

à des Souveaux

Anse Rouge

Rochers des Dames

Anse du bois de la Chaise

Pointe du bois de Pierre

Massandrie

St Joseph

Anse de Luzéronde

Bonnetraie

la Vendée

la Pointe

les Sableau

Banc
du Sableau

Pointe
de Devin

Bresine

la Vendette

Chaussée des Boeufs

l'Ermitage

la Bonhomme

la Guérinière

Chenal d'Anjoubert

le Bois

la Frette

Le Bavard

le Fier

Anse de la Coudraie

la Maison Rouge

Barbâtre

ILE DE NOIRMOUTIER

Bois de la Chaise

la Frandrie

la Fosse

Pointe de la Fosse

Passage du Gois

9 Ch. Masson
10 Les Lilas
11 Les Fougères
12 Les Bruyères
13 Les Dalhias
14 Beau Rivage
15 Les Sapins
16 Tuccroa
17 L'Ermitage
18 Villa Cadyère
19 Bolaer
20 Puits de la Roche

1 Grève de St André
2 Puits d'Aqueault
3 Châlet Breton
4 Gaillardin
5 Châlet des Fleurs
6 Les Louis
7 Etablis...
8 Châlet...

23 Les Chênes
24 Les Pins

21 Myosotis
22 ...

www.ingramcontent.com/pod-product-compliance
Lightning Source LLC
Chambersburg PA
CBHW072100090426
42739CB00012B/2825